"一带一路"系列丛书

"一带一路"国别概览

巴勒斯坦

李向阳　总主编
李绍先　主　编

苏欣　赵星华　编著　　杨伟国　审定

大连海事大学出版社

ⓒ 苏欣 赵星华 2019

图书在版编目(CIP)数据

巴勒斯坦 / 苏欣,赵星华编著. — 大连:大连海
事大学出版社,2019.12
("一带一路"国别概览 / 李向阳总主编)
国家出版基金项目
ISBN 978-7-5632-3733-3

Ⅰ.①巴… Ⅱ.①苏… ②赵… Ⅲ.①巴勒斯坦—概
况 Ⅳ.①K938.1

中国版本图书馆CIP数据核字(2019)第275578号

大连海事大学出版社出版

地址:大连市凌海路1号 邮编:116026 电话:0411-84728394 传真:0411-84727996
http://press.dlmu.edu.cn E-mail:dmupress@dlmu.edu.cn

大连海大印刷有限公司印装 大连海事大学出版社发行

2019年12月第1版 2019年12月第1次印刷
幅面尺寸:155 mm×235 mm 印数:1~3000册
印张:11.75 字数:180千

出 版 人:余锡荣 项目策划:徐华东
责任编辑:刘若实 责任校对:刘长影
装帧设计:孟 冀 解瑶瑶 张爱妮

ISBN 978-7-5632-3733-3 定价:59.00元

"一带一路"国别概览

丛书编委会

▶ **主　任**　李向阳

▶ **副主任**　徐华东　李绍先　郑清典　李英健

▶ **委　员**　李珍刚　姜振军　张淑兰
　　　　　　尚宇红　黄民兴　唐志超
　　　　　　滕成达　林晓阳　杨　淼

总序

2013年秋，国家主席习近平在哈萨克斯坦和印度尼西亚出访期间，先后提出共建"丝绸之路经济带"和"21世纪海上丝绸之路"的倡议，倡导共商、共建、共享理念，得到国际社会广泛关注和积极响应。"一带一路"倡议旨在积极发展与沿线国家的经济合作伙伴关系，共同打造政治互信、经济融合、文化包容的利益共同体、命运共同体和责任共同体。

"一带一路"倡议源自中国，更属于世界，它面向全球、陆海兼具、目的明确、路径清晰、参与方众、反响热烈。五年间，"一带一路"倡议从理念转化为行动，从愿景转变为现实，在顶层设计、政策沟通、设施联通、贸易畅通、资金融通、民心相通等方面都取得了显著的成果，为实现世界共同发展繁荣注入推动力量、增添不竭动力。目前，我国已与100多个国家和国际组织签署了共建"一带一路"合作文件。共建"一带一路"倡议及其核心理念被纳入联合国、二十国集团、亚太经合组织、上合组织等重要国际组织成果文件。

"一带一路"沿线国家地理地貌、风俗人情、经济发展、投资环境各不相同，极有必要对其进行系统的介绍和分析。此外，目前针对"一带一路"沿线国家的研究仍不够深入，缺少系统、整体的研究资料。大连海事大学出版社组织策划的"'一带一路'国别概览"丛书（首批65卷）适逢"一带一路"倡议提出五年后下一个阶段深入推进的需要之时，也填补了国内系统地介绍"一带一路"沿线国家国情的学术专著的空白，获得了国家出版基金项目资助，并入选教育部全国高校出版社主题出版选题。

"'一带一路'国别概览"丛书（首批65卷）联合中国社会科学院、北京大学、山东大学、宁夏大学、广西民族大学、上海对外经贸大学、黑龙江大学等多家高校及研究机构编写，并组织驻"一带一路"沿线65个国家的前大使对相关书稿进行审定。本套丛书不仅涵盖了各国地理、简史、政治、军事、文化、社会、外交、经济等方面的内容，突出了各国与丝绸之路或海上丝绸之路的历史渊源，力争为读者提供全景式的国情介绍，还从"一带一路"政策出发，引用实际案例详细阐述了中国与各国贸易情况及各国的投资环境，旨在为"一带一路"的推进提供强大的智力支持，加快科技成果转化，促进合作人才培养，帮助我国"走出去"的企业有效地防控风险，从而全方位地助推"一带一路"建设。

"'一带一路'国别概览"丛书（首批65卷）的顺利出版得益于大连海事大学出版社的精心策划和组织，也凝聚着百余位相关领域专家学者的心血，在此深表感谢。

国家主席习近平曾深情地说："'一带一路'建设承载着我们对美好生活的向往，将把每个国家、每个百姓的梦想凝结为共同愿望，让理想变为现实，让人民幸福安康。"我们也希望本套丛书可以为"一带一路"建设架起一座沟通的桥梁，推动"一带一路"倡议在沿线国家向更深远和平稳的方向发展。

"'一带一路'国别概览"丛书编委会
2018年6月

前言

　　2017年年末，美国总统唐纳德·特朗普宣布承认耶路撒冷为以色列首都，并启动美驻以使馆从特拉维夫迁往耶路撒冷的进程，这一声明使世界的目光和舆论再次聚焦巴以冲突，这一宣告将自中东剧变以来逐渐被边缘化的巴勒斯坦问题重新拉回中东政治的中心。巴勒斯坦作为享有自决权的民族共同体，具有独立建国这一不可剥夺的合法权利。但巴以双方在耶路撒冷的归属、边界划分及定居点等核心问题上存在巨大分歧，且在短期内难以达成共识。因此，在动荡的地缘政治格局下，在分歧难以弥合的内部环境中，巴勒斯坦问题的解决仍然任重道远，依旧步履维艰。

　　2013年，中国国家主席习近平在出访中亚和东南亚国家期间，先后提出共建"丝绸之路经济带"和"21世纪海上丝绸之路"的重大倡议。巴勒斯坦作为"一带一路"沿线上的重要国家，积极响应这一倡议，迫切希望中国在基础设施投资建设等领域提供支持与帮助，公开表示与中国开展有效合作能够推进巴勒斯坦民族解放事业，促进巴勒斯坦人民生活条件的改善。然而，牵扯中东地区安全与长久和平稳定的核心——巴勒斯坦问题，是中国推动"一带一路"倡议不可回避的重要议题。如何在这一关键问题上启智献策，也是国际社会对中国承担更多大国责任的期待。

　　当今的中国提出"人类命运共同体"的理念，强调中东是一个不可分割、相互依存的整体。中国就巴勒斯坦问题提出的"四点主张"，切中了当前巴以冲突的集中要害，这是当代中国中东外交的深刻内涵和最新外交实践。当今的中国正在通过实际行动，帮助丝路沿线国家摆脱贫穷落后，实现民族独立与国家发展，推动建立更加公正合理的国际政治经济新秩序。当今的中国将以更加积极的姿态合理恰当地参与巴以和平进程，为推动巴以和谈搭建平台，为解决巴勒斯坦问题贡献中国智慧，提出中国方案。

　　本书在"一带一路"倡议的引领下，以最新数据为依托，致力于从地理、历史、政治、军事、文化、社会、外交、经济等各领域详实地介绍巴勒斯坦，细致地剖析巴以冲突，以求全面、客观、真实地展现巴勒斯坦全貌。本书具体写作分工如下：前言、第一章、第二章、第五章、第六章、第七章、第八章由苏欣编写；第四章由赵星华编写；第三章由赵星华和苏欣合作编写（第一、三节由苏欣编写，第二、四、五、六、七节由赵星华编写）。感谢西北大学博士生张娟娟和硕士生申浪，在本书搜集资料过程中所提供的帮助。本书在写作过程中，西北大学中东研究所李福泉教授、西北大学中东研究所张玉友博士、中国社会科学院世界历史研究所姚惠娜副研究员也给予作者极大的支持和鼓励，谨致谢意。本书在写作过程中，受到宁夏大学中国阿拉伯研究院和大连海事大学出版社的极大支持与帮助，谨致谢意。

编　者

2019年7月

目录

第一章　地理 ……………………………………… 1

第一节　地理位置 ……………………………… 2

第二节　气候 …………………………………… 2

第三节　地势地貌 ……………………………… 3

第四节　地质 …………………………………… 4

第五节　水文 …………………………………… 4

第六节　自然资源 ……………………………… 5

第七节　行政区划 ……………………………… 7

第二章　简史 ……………………………………… 8

第一节　前伊斯兰时期 ………………………… 9

第二节　中世纪时期 …………………………… 10

第三节　奥斯曼帝国统治时期 ………………… 13

第四节　英国委任统治时期 …………………… 15

第五节　五次中东战争 ………………………… 19

第六节　巴以和平进程的缓慢启动 …………… 28

第七节　巴以和平进程的曲折迂回 …………… 33

第八节　加沙冲突 ……………………………… 38

第九节　难有突破的和平斡旋进程 …………… 43

第三章　政治 ……………………………………… 46

第一节　国家标志 ……………………………… 46

第二节　法律 …………………………………… 49

第三节　政党 …………………………………… 52

第四节　议会 …………………………………… 70

第五节　领导人 ………………………………… 72

第六节　政府 …………………………………… 78

第七节　司法机关 ……………………………… 80

第四章　军事·· 83
　　第一节　安全体制 84
　　第二节　主要武装力量 84
　　第三节　装备与训练 87

第五章　文化·· 88
　　第一节　语言文字 88
　　第二节　文学 89
　　第三节　艺术 91

第六章　社会·· 94
　　第一节　人口与民族 94
　　第二节　宗教 96
　　第三节　传统风俗 100
　　第四节　教育体系 106
　　第五节　新闻媒体 115

第七章　外交·· 120
　　第一节　对外政策 120
　　第二节　巴勒斯坦与阿拉伯国家的关系 122
　　第三节　巴勒斯坦与伊朗的关系 127
　　第四节　巴勒斯坦与美国的关系 129
　　第五节　巴勒斯坦与欧洲的关系 131
　　第六节　巴勒斯坦与俄罗斯的关系 132
　　第七节　"一带一路"倡议下中国与巴勒斯坦关系的发展 134

第八章　经济·· 147
　　第一节　经济发展历程 147
　　第二节　巴勒斯坦经济指标 151
　　第三节　农业 155
　　第四节　工业与手工业 161
　　第五节　旅游业 163

参考文献·· 167

第一章　地理

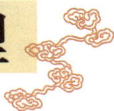

　　1947年11月，联合国大会通过的《巴勒斯坦分治计划问题的决议》〔第181（II）号决议〕规定，在巴勒斯坦地区建立的"阿拉伯国"，领土面积为1.15万多平方千米，占巴勒斯坦总面积的40.7%。1948年第一次中东战争中，以色列占领了原划归给"阿拉伯国"的4 850平方千米的土地，埃及占领了加沙地带，约旦占领了约旦河西岸，分治决议中的"阿拉伯国"未能建立。1967年第三次中东战争中，以色列占领了包括耶路撒冷在内的整个巴勒斯坦。11月22日，联合国安理会通过的第242号决议规定："以色列军队撤离其在最近冲突中占领的领土。"实则将巴勒斯坦"阿拉伯国"的领土范围局限在约旦河西岸地区和加沙地带。

　　1988年11月15日，巴勒斯坦全国委员会第19次特别会议通过《独立宣言》，宣告巴勒斯坦国成立，耶路撒冷为首都，但未建立临时政府，也未确定其疆界，因而也没有对任何区域行使有效管理，实质上仅是一个法理上的巴勒斯坦国。1993年9月，以色列总理拉宾与巴解执委会主席阿拉法特在华盛顿签署了《临时自治安排原则宣言》，即《奥斯陆和平协议》。此后，以色列陆续将加沙地带和约旦河西岸的7座阿拉伯城市，即杰宁、纳布卢斯、图勒凯尔姆、盖勒吉利耶、拉姆安拉、伯利恒和希伯伦的民事管理权移交给巴勒斯坦民族权力机构。巴勒斯坦在约旦河西岸和加沙地带建立民族权力机构实行有限自治，一直延续至今。

第一节　　地理位置

　　加沙地带位于巴勒斯坦西南部，北纬 31°15′～31°30′，东经 34°15′～34°30′，是一条位于地中海东岸、西奈半岛东北部的狭长地带，总面积约为 360 平方千米。加沙地带与埃及的边界线长约 13 千米，与以色列的边界线长约 59 千米，与地中海间有一条约 40 千米的海岸线。

　　约旦河西岸位于约旦河以西、以色列以东，北纬 31°28′～32°31′，东经 35°00′～35°30′，总面积约为 5 860 平方千米，包括 220 平方千米的水域面积和 5 640 平方千米的土地面积。约旦河西岸东临约旦河与死海，与约旦哈希姆王国的边界线长约 148 千米；西南面隔以色列与加沙地带相望，北部、南部、西部被以色列所环绕，与以色列的边界线长约 330 千米。

第二节　　气候

　　巴勒斯坦地区深受地中海气候的影响，夏季炎热干燥，冬季温和多雨，属于雨热不同期的气候类型。因地形差异等因素，不同区域的气候有一定差别。

　　加沙地带大致划分为 3 个气候区：北部为亚湿润沿海地带区，居民约占加沙总人口的 50% 以上；东部内盖夫沙漠为干旱半干旱的黄土高原区，居民约占加沙总人口的 30%；南部为干旱的西奈沙漠气候区。加沙地带平均气温在 13 ℃（冬季）～25 ℃（夏季），8 月份平均气温在 22 ℃以上。夏季盛行西北风，白天最高风速为 3.9 米/秒，夜间风速下降至一半；冬季盛行西南风，平均风速约为 4.2 米/秒，最高风速为 18 米/秒，无明显的昼夜波动。夏季相对湿度为 65%～85%，冬季相对湿度为 60%～80%。由北至南，降水量由 450 毫米/年逐渐递减为 200 毫米/年。加沙地带全年日照时间长、辐射强度高，适合农业和温室栽培。

　　约旦河西岸相对干旱，大致划分为 5 个不同的气候区。

中部高原，约旦河西岸面积最大的区域，约为1 650平方千米，居民占约旦河西岸总人口的30%。该区域属于半湿润气候，夏季温暖半湿润，冬季寒冷多雨；年平均气温约为17 ℃；年降水量为500～800毫米不等，属于约旦河西岸主要的集水区。

约旦河谷北部和南部山区，约为1 200平方千米，为干旱地区。夏季炎热干燥，冬季温和多雨；1月和8月平均气温分别约为13 ℃和27 ℃；平均风速约为5千米/时，盛行西南风和西北风；平均日照时间约为8.5小时/天；年平均降水量约为280毫米。

南部希伯伦山区至杰宁，约为1 100平方千米，为人口稠密地区。夏季炎热半湿润，冬季气候温和；年平均气温约为18 ℃，1月和8月平均气温分别约为11 ℃和26 ℃；平均风速约为4.7千米/时，盛行西北风和西南风；年平均降水量约为400毫米。

东部山坡地区、死海地区和部分约旦河谷地区，约为990平方千米。夏季炎热干燥，冬季气候温和；1月和8月平均气温分别约为15 ℃和29 ℃；平均风速约为3.4千米/时；日照时间为12小时/天（7月）和5小时/天（1月）；年平均降水量为100～200毫米。

希伯伦山区至杰宁的西部狭长地带和约旦河西岸北部的一些岛屿，约为720平方千米。夏季温暖半湿润，冬季凉爽多雨；年平均气温为17 ℃，1月和8月平均气温分别约为11 ℃和25 ℃；年平均降水量约为500毫米。

第三节　地势地貌

加沙地带呈长条状分布，长约45千米，宽约6～13千米，除局部丘陵和海岸附近的沙丘外，加沙地带绝大部分地势平坦，以平原为主，最高海拔为105米。

约旦河西岸长约150千米，宽约31～58千米。大部分地形为山地，由南北走向的石灰岩丘陵组成，即传统上称作耶路撒冷以北的萨马里安（Samarian）山脉和耶路撒冷以南的犹太（Judaean）山脉，山脉向东部延伸至约旦河和死海地势较低的大裂谷。约旦河西岸海拔最低点是低于海平面408米的死海，最高点是1 030米的纳比·尤尼斯山

（Mount Nabi Yunis）。约旦河西岸内部大致分为四大地形区：约旦河西岸的低洼平原地区——约旦河谷，海拔低于海平面200～300米；约旦河西岸的东部边缘区——东部山坡，疆域从杰宁到死海，呈长条状，海拔低于海平面200～800米；约旦河西岸西北角的半沿海地区，包括杰宁、图卡瑞姆、卡奇里亚等，海拔100～400米；中部高原，从北部杰宁延伸到南部希伯伦，海拔400～1 000米。

第四节　地质

巴勒斯坦在构造上属于阿拉伯半岛西北边缘区的破裂地带，其中约旦河谷是东非大裂谷在北部延伸的一部分，它将非洲板块与阿拉伯板块分离开来。该地质构造使巴勒斯坦地区在历史上多次遭受地震等自然灾害。

约旦河西岸以低山为主，位于断裂带两侧。其基本特征为褶皱构造，即受到构造力的强烈作用，组成地壳的岩层形成一系列弯曲且未丧失连续性的构造。这一地区最重要的褶皱构造表现为宽阔的褶皱背斜，其中轴线由南至北从希伯伦延伸至耶路撒冷以南的贝特贾拉，再从拉姆安拉延伸至卢班谷地，从卢班谷地转向东北逐渐消失。另一个重要的褶皱构造是西北部的一些平行褶皱。岩石主要由海洋沉积物（石灰岩和白云岩）组成，岩石的孔隙将水过滤到非渗透性地表层中，从而为该地区的民众提供水源。

加沙地带沿海平原主要由沙丘和肥沃的沙质沉积物组成。

第五节　水文

加沙地带基本无永久性的地表河流和涸河，西北至东南走向的加沙涸河是当地最重要的和唯一的水流，但由于天气炎热、蒸发量大、水源不足及以色列在北部修筑水渠和堤坝等因素，加沙涸河经常出现断流现象。

约旦河西岸最重要的河流是约旦河，由发源于黎巴嫩境内的哈斯巴尼河，源头位于叙利亚、黎巴嫩、以色列边境的达恩泉，以及源头在叙利亚境内的巴尼亚斯河组成，流经巴勒斯坦，全长约251千米，最后汇入低于海平面约400米的内陆湖——死海，是世界上海拔最低的河流，每年平均流量近6亿立方米。从历史和宗教的角度看，约旦河是世界上最神圣的河流之一；从疆域边界的角度看，加利利海以南的河段构成巴勒斯坦约旦河西岸（西侧）和约旦哈希姆王国（东侧）的边界；从自然资源的角度看，约旦河河水是当地极其重要的水资源，也成为巴勒斯坦和叙利亚、黎巴嫩、约旦、以色列之间争议的焦点。

第六节　自然资源

❧ 一、水资源

水是巴勒斯坦地区最稀缺的资源。在长期的巴以冲突和巴以和平进程谈判中，对水资源的争夺和争论占据重要地位。约旦河西岸和加沙地带的水资源主要包括地下水、约旦河河水和季节性降水，其每年再生水资源总量仅有5.65～6.66亿立方米。水资源之争是巴以和平进程中的关键问题之一，其争端主要集中于对约旦河河水和地下蓄水层的争夺。1992年马德里和会开启中东和平进程之后，巴以双方将水资源分配问题列入需要解决的重大问题。1995年，双方签署的《以色列—约旦河西岸过渡协议》中，以色列正式承认了巴勒斯坦人享有对约旦河西岸和加沙地区水资源的权利，以及过渡期内水资源的使用配额问题，但这并没有从根本上解决巴勒斯坦人的用水问题。1996年，巴以双方达成《临时协议》，专门成立巴以联合委员会，管理水资源分配事务。1997年，以总理内塔尼亚胡在"最后解决秘密方案"中明确表示，以将完全控制约旦河西岸和加沙地区的水资源。以色列目前控制着约旦河西岸和加沙地区80%的水资源。

约旦河西岸的地下水分属3个蓄水层，即东部蓄水层——杰里科、伯利恒、希伯伦及其邻近地区；东北部蓄水层——杰宁和纳布卢斯及邻近地区，雨季渗水是其补充水分的主要来源；西部蓄水层——

图勒凯尔姆和拉姆安拉附近，其位于约旦河西岸与以色列领土相交之处，每年的安全抽水量约为3.4亿立方米。其中西部和东北部两个蓄水层每年再生水资源约为475万立方米，但巴勒斯坦人仅占4.5%，约为20万立方米。东部蓄水层每年再生水资源约为125万立方米，为巴勒斯坦人用水的主要来源。加沙地带基本没有地表河流或涸河，地下水资源也极其有限，每年再生水资源的总量仅为0.5亿立方米。由于过度开采，地下水已经出现海水渗透现象，当地居民不得不部分依赖境外输水。

约旦河河水是约旦河西岸农业灌溉及生活用水的重要来源之一。约旦河全长约为251千米，每年平均流量近6亿立方米，最终汇入死海，是中东三大水系之一。

雨季降水也是巴勒斯坦主要的水资源。加沙地带降水量从南至北由450毫米/年逐渐递减为200毫米/年，约旦河西岸降水量为100~800毫米/年不等。巴勒斯坦约65%的降水被蒸发，其余的用于生活用水、农业生产及补给地下水与河流。

🌸 二、矿产资源

巴勒斯坦矿产资源相对贫乏，主要有天然气、石油、煤、铁、铝土、铬、大理石、宝石、磷酸盐、石灰岩等。

2000年，英国天然气公司所属的一座巨大的海上勘探平台在距加沙海岸30千米处的巴勒斯坦海域，首次勘探并奇迹般地发现了天然气。据探测，巴勒斯坦海域的天然气储量约为600亿立方米，能够满足国内需求，并可向以色列出口。2014年，以色列诺贝尔能源公司、德雷克集团有限公司和石油勘探公司共同与以巴勒斯坦能源局局长欧迈尔·卡塔纳为代表的巴勒斯坦发电公司签署了首份天然气出口合同，该合同价值12亿美元，为期20年，共计出口约47.5亿立方米天然气。

🌸 三、动植物资源

巴勒斯坦植物种类相对贫乏，主要分为以下几个类群：地中海植物类群，如常绿橡树林、耶路撒冷松林、落叶塔博尔橡树林、典型刺地榆群丛等；草原—森林过渡地带的伊朗-图兰植物带，如落叶黄连木草原林、枣灌丛等；亚热带沙漠植物带，如蒺藜灌木群丛和荒漠假木贼石漠等；分布在约旦河谷中的苏丹植物带，如金合欢属和风车藤属等最常见的稀树草原乔木。

巴勒斯坦动物种类匮乏，家养畜禽类主要有骆驼、牛、羊、马、驴、骡、鸡、鸭、鹅等。野生动物分为鸟类、哺乳动物、海洋动物等，其中鸟类最为繁多，主要分为留鸟、候鸟、迁徙鸟等类型；鱼类分为海水鱼和淡水鱼，尤以地中海沿岸最为丰富。

第七节　行政区划

巴勒斯坦的约旦河西岸和加沙地带共有下辖16个省份。

约旦河西岸分为杰宁、图勒凯尔姆、杰里科、纳布卢斯、拉姆安拉、耶路撒冷、伯利恒、希伯伦、图巴斯、萨尔费特和盖勒吉利耶等11个省份，由巴勒斯坦民族权力机构管辖。其中希伯伦省是面积最大、人口最多的省份。

加沙地带分为北方、加沙、代尔拜莱赫、汉尤尼斯和拉法等5个省份。其中，汉尤尼斯是面积最大的省份，加沙是人口最多的省份。

根据1995年巴以双方在埃及签署的《奥斯陆第二项协定》（又称作《塔巴协议》），过渡时期的约旦河西岸被划分为A、B、C三个区域。A区面积约占约旦河西岸总面积的18%，包括杰宁、图勒凯尔姆、杰里科、纳布卢斯、拉姆安拉、伯利恒和80%的希伯伦等城市周边区域。该区域完全由巴勒斯坦民族权力机构管理，可自由使用土地，行使包括民事和内部安全在内的行政权和司法权，无以色列定居点；B区面积约占约旦河西岸总面积的22%，大约包括400个巴勒斯坦村庄及其周围区域，以及以色列定居点。该区域由以色列和巴勒斯坦联合管理，巴勒斯坦民族权力机构只享有民事权力，以色列负责安全事务；除东耶路撒冷外，C区面积约占约旦河西岸总面积的60%，主要包括以色列定居点、军事设施区和开放区域等。该区域由以色列负责维护安全与公共秩序，巴勒斯坦民族权力机构只为当地的巴勒斯坦人提供教育和医疗等服务。

第二章 简史

　　从历史上看，闪米特人的后裔迦南人、希伯来人、阿拉伯人和其他西亚古老民族一同生活在巴勒斯坦（《圣经》中称作"迦南地"）这片土地上。公元前11世纪，希伯来人建立了历史上最早的犹太国家——犹太联合王国，后分裂为以色列王国和犹太王国。公元前8世纪开始，巴勒斯坦被亚述帝国、新巴比伦王国、波斯、希腊和罗马轮番占领，犹太民族经历了三次大流散，于133年结束了其在巴勒斯坦生存了1 400年的历史，进入了世界性流散时期。637年，巴勒斯坦并入阿拉伯帝国的版图，至此开启了这一地区阿拉伯化和伊斯兰化的历程。此后，阿拉伯穆斯林源源不断地进入巴勒斯坦，与当地原住民通婚、融合、同化，形成了现代意义上的巴勒斯坦阿拉伯人，他们是巴勒斯坦历史与文化的创造者和贡献者。

　　19世纪末，受到资产阶级启蒙运动思想的影响，欧洲犹太人中间率先兴起了复国思潮，后来发展成为犹太复国主义。自1897年巴塞尔大会的召开，至1917年《贝尔福宣言》的发表，再到1942年《比尔特莫纲领》的颁布，直至1947年联合国第181（Ⅱ）号决议的通过，犹太人用短短50年的时间结束了1 800余年的流散史，完成了建国之路。但以色列的建国成为巴以持久冲突的根源，阿拉伯人和犹太人之间的矛盾与对抗演变为中东地区的重大问题。巴以冲突围绕巴勒斯坦问题展开，冲突的实质是对巴勒斯坦主权归属的争夺。因此，巴勒斯坦问题是巴以冲突的核心问题。1947年之后的巴勒斯坦历史，实质上也是巴以冲突与和谈的历史。

第一节　前伊斯兰时期

巴勒斯坦是人类早期古代农业和畜牧业的发源地之一，早在旧石器时代就有人类活动的遗迹。纳图夫文化与迦苏勒文化，是巴勒斯坦地区中石器时代和铜石并用时代的典型文化代表。

一、迦南时期

公元前 3000—前 2500 年，闪米特人从阿拉伯半岛迁徙进入巴勒斯坦，其中包括亚摩利人和迦南人，巴勒斯坦也曾被称作"亚摩利人之地"和"流着奶和蜜的迦南地"。迦南人是巴勒斯坦最早的居民之一，其主要生活在地中海东岸的平原地带，以部落的形式定居，建立了人类历史上的早期国家，但时常遭到喜克索斯人、埃及人、赫梯人的入侵。公元前 13—前 12 世纪，"海上民族"腓尼基人进入巴勒斯坦，在沿海平原南部的加沙、阿什凯隆、迦特等地建立了 5 个城市国家，占领了迦南的大部分地区，创造的文明延续约 600 年之久。

二、王国时代

公元前 21 世纪前后，希伯来人从两河流域移居迦南，后流亡埃及，又于公元前 12 世纪左右在摩西的带领下，重返迦南并长期定居。公元前 1020—前 923 年，犹太人进入王国时代，先后经历了扫罗王、大卫王和所罗门王的统治。所罗门王去世之后，犹大联合王国分裂为北部的以色列王国和南部的犹大王国。自公元前 8 世纪，巴勒斯坦在周边大国的轮番占领之下，亚述帝国、巴比伦王国、波斯帝国等都曾入侵该地区，以色列王国和犹大王国最终灭亡。

三、古希腊罗马时期

公元前 332 年，亚历山大大帝率兵攻克加沙城后，占领巴勒斯坦全境。公元前 323 年—前 142 年，巴勒斯坦又经历了托勒密王朝和塞琉古王朝的统治，希腊文化在该地区广泛传播，东西方文化彼此融合。塞琉古王朝推行的希腊化进程遭到犹太人的顽强抵抗，犹太起义者成

功地占领了耶路撒冷和约帕，并建立哈斯蒙尼王朝（前142—前63
年，史称"第二次犹太联邦"）。

公元前63年，罗马大将庞培进军耶路撒冷，将巴勒斯坦与叙利亚
合并为罗马帝国的一个行省，扶植当地统治者建立了一些附属国。罗
马帝国残酷的殖民统治和高压政策，迫使绝大部分犹太人离开巴勒斯
坦流亡世界各地，结束了犹太民族作为主体在巴勒斯坦定居的历史。
公元395年，罗马帝国分裂，巴勒斯坦被划归拜占庭帝国管辖区。至7
世纪初，巴勒斯坦逐步实现基督教化，耶路撒冷开始成为基督教的
圣城。

第二节　中世纪时期

一、哈里发征服运动与巴勒斯坦伊斯兰化（638—1099）

7世纪初，在拜占庭帝国和波斯帝国因长期征战走向衰落之际，
阿拉伯半岛上一个新的帝国正在崛起。在伊斯兰教的旗帜下，第一个
阿拉伯伊斯兰国家于622年在麦地那诞生。631年，在完成半岛的统一
后，阿拉伯人大举对外扩张。第二任哈里发欧麦尔执政时期（634—
644），开始进攻沙姆地区[①]，在636年的雅尔穆克战役中，阿拉伯人战
胜拜占庭帝国，并于638年正式接管耶路撒冷，至此巴勒斯坦回归东
方，成为阿拉伯帝国的一部分，也彻底变为阿拉伯人生活的家园。随
着阿拉伯人不断移入并与当地土著居民同化，逐步形成了现代巴勒斯
坦阿拉伯人。

倭马亚王朝时期，巴勒斯坦和叙利亚同为一个行政区。作为中央
政府的直辖区，由大马士革的哈里发直接管理。阿拔斯王朝时期，阿
拉伯帝国的中央权力中心转移到伊拉克，巴勒斯坦与叙利亚一同沦为
哈里发国家的地方行省。由于远离统治中心，巴勒斯坦时常遭到周围
王朝的入侵。至9世纪中叶，阿拔斯王朝国势衰微，各行省总督和波
斯人、突厥人等近卫军首领趁机扩大权势，帝国境内独立王朝群雄并

---

①　"沙姆"包括今巴勒斯坦、叙利亚、黎巴嫩和约旦诸地。

起，巴勒斯坦先后受到图伦王朝、伊赫希德王朝、法蒂玛王朝和塞尔柱王朝等的统治。

随着阿拉伯人的大批进入和伊斯兰教的广泛传播，巴勒斯坦经历了阿拉伯化和伊斯兰化的进程。第一，阿拉伯语逐渐取代希腊语和阿拉马语，这是阿拉伯化最重要的特征。7世纪末，官方的正式文书开始用阿拉伯语取代希腊语，在政府部门任职的基督徒为保住职务开始学习并运用阿拉伯语，皈依伊斯兰教的新穆斯林的宗教语言也变为阿拉伯语，这都极大地促进了阿拉伯语在巴勒斯坦地区的流行和普及。

第二，皈依伊斯兰教的人数增多，这是伊斯兰化最显著的特征。这一时期，臣民被分为四个等级，即穆斯林统治者倭马亚家族及广大阿拉伯人为第一等级，皈依伊斯兰教的新穆斯林为第二等级，保持原有信仰的迪米人为第三等级，奴隶为第四等级。迪米人是巴勒斯坦原有的"有经人"，即受到穆斯林统治并保护的基督徒和犹太教徒。他们为寻求更多的自由与安全，或是为免遭宗教歧视和减免捐税，抑或是为获得较快的晋升机会和较高的社会威望，于7世纪中叶之后开始逐渐改信伊斯兰教，巴勒斯坦的人口构成开始由基督徒占多数转变为穆斯林占多数。

第三，耶路撒冷被确立为仅次于麦加和麦地那的伊斯兰教圣地。《古兰经》中记载，先知穆罕默德于622年7月27日夜晚乘飞马从麦加来到耶路撒冷，完成"登霄"的奇迹。阿拉伯人进入耶路撒冷之后，在先知登霄的圣石上修建了清真寺，倭马亚王朝的哈里发马立克将其扩建成萨赫莱清真寺（岩石清真寺），穆斯林将其称作"通往天堂的门户"。其子哈里发韦立德当政期间（705—715），又在该寺以南修建阿克萨清真寺（远寺）。这两座清真寺不仅是巴勒斯坦阿拉伯人的宗教文化中心，也是伊斯兰世界闻名遐迩的第三圣地。

❧ 二、十字军东征与阿尤布王朝时期（1099—1291）

十字军东征是1096—1291年，西欧封建主和骑士、意大利富商在罗马天主教教宗的准许下，对地中海东部沿岸国家发动的持续200年之久的大规模军事侵略战争。1099年7月，十字军在第一次东征的进程中攻克耶路撒冷，在城内大肆进行屠杀，并仿效西欧封建制度的模式建立了耶路撒冷王国（1099—1187），十字军首领之一的鲍德温被立为国王。随后的50年间，王国一直向南扩张，至1153年，十字军占领了巴勒斯坦沿海平原的大部分地区。

1171年，原法蒂玛王朝的大臣萨拉丁建立了阿尤布王朝（1171—1250）。1187年，萨拉丁扩大与十字军交战的范围，接连收复数座巴勒斯坦城市，同年10月，攻陷耶路撒冷王国首都耶路撒冷，使其又回归穆斯林手中。在第三次十字军东征的过程中，萨拉丁与英国国王查理一世签订休战条约，规定十字军享有提尔到雅法的沿海地区的管辖权，其余部分归穆斯林所有，从阿克到耶路撒冷开辟一条自由通道，以保证基督徒前往圣城不受阻拦。1193年萨拉丁逝世之后，阿尤布王朝发生分裂，巴勒斯坦的萨法德、太巴列、阿什克伦相继落入十字军手中。1229年，埃及统治者通过签订条约的形式，将耶路撒冷和连接圣城与阿克走廊的控制权又再次移交给了十字军，直至1244年重新收复。

十字军东征给巴勒斯坦人民带来了深重的灾难，许多城市变为废墟，农庄遭到破坏，经济受到严重摧残，成千上万的民众死于非命。阿尤布王朝在抗击十字军东征和保卫东方文明方面发挥了巨大作用，第一位君主萨拉丁在挫败十字军东征方面功勋卓著，其统治巴勒斯坦时期，招贤纳士，鼓励学者研究教义学，在耶路撒冷的大清真寺开办学校，保护伊斯兰教文物，促进了伊斯兰教在巴勒斯坦地区的发展与传播。

❖ 三、马木鲁克王朝时期（1260—1517）

马木鲁克王朝是1250年由原阿尤布王朝的突厥人奴隶军团——马木鲁克禁卫军在埃及建立的寡头政权，也是中世纪阿拉伯最后一个王朝。1258年蒙古军队灭亡阿拔斯王朝，1260年蒙古军队占领巴勒斯坦大部分地区，并直抵埃及边界。同年，马木鲁克王朝的第四位君主拜伯尔斯击毙蒙古军队统帅，全线击溃蒙古军队的西进行动，并铲除了十字军在巴勒斯坦留下的大部分据点。1291年5月，马木鲁克王朝军队收复了十字军在东方最后的堡垒——阿卡，正式结束了十字军对巴勒斯坦的占领。强大且统一的马木鲁克王朝使巴勒斯坦进入了相对安定和繁荣的时期，耶路撒冷的学校和清真寺数量都有所增加，但是，对巴勒斯坦而言，马木鲁克王朝无疑也是一个外族统治的政权。

自1099年十字军建立耶路撒冷王国，直至1517年马木鲁克王朝灭亡，巴勒斯坦经历了十字军、阿尤布王朝、蒙古人和马木鲁克王朝的交替统治。频繁的政权更迭，破坏了巴勒斯坦的经济发展进程。在反抗外来入侵的过程中，巴勒斯坦阿拉伯人和周边国家的阿拉伯人发挥了重要作用，这也维护了巴勒斯坦的阿拉伯化和伊斯兰化属性。

第三节　奥斯曼帝国统治时期

1453年拜占庭帝国灭亡，奥斯曼帝国定都君士坦丁堡，并将其更名为伊斯坦布尔，成为一个强大的伊斯兰帝国。1516年，奥斯曼帝国的军队越过陶鲁斯山，击败马木鲁克王朝的军队，大马士革、阿勒颇、耶路撒冷、巴勒斯坦、黎巴嫩被纳入奥斯曼帝国的版图。巴勒斯坦从此进入了奥斯曼帝国统治的时期，直至第一次世界大战结束，这一时期巴勒斯坦的阿拉伯化和伊斯兰化属性保持不变。

一、行政区划

奥斯曼帝国统治时期，巴勒斯坦并非独立的行政区域和政治实体，其与叙利亚、黎巴嫩、约旦共同组成地理范围上的"大叙利亚"。帝国内部依据《行省制度法》，将疆域划分为维拉耶特（行省）、桑贾克（地区、州）、卡扎（县）和纳希耶（乡），行省总督由苏丹任命。巴勒斯坦大致被划分为三个地区：北部隶属于贝鲁特省，包括阿卡、海法、太巴列、拿撒勒、萨费德等地，称为阿卡桑贾克；中部隶属于大马士革省，包括纳布卢斯、杰宁、图勒凯尔姆等地，称为纳布卢斯桑贾克；南部为耶路撒冷桑贾克，包括耶路撒冷、雅法、加沙和希伯伦等地。因耶路撒冷的特殊地位，后被列为独立的行政单位，直接隶属于奥斯曼帝国苏丹管辖。

巴勒斯坦的土地被分为3种不同的类型，其一是占绝大多数的属于国家所有的米里（Miri），其二是属于伊斯兰宗教产业的瓦克夫（Waqf），其三是国王赐予王公贵族作为私有土地的穆尔克（Mulk）。

二、地方管理

奥斯曼帝国对巴勒斯坦的管理主要依靠当地的阿拉伯部落，部落的谢赫（长老）由氏族内部有权势的家族任命，其权力由奥斯曼政府的当地行政长官授予，因此谢赫不仅是农村的最高统治者，也是奥斯曼帝国政策的执行者，主要负责征税和维护本地区的安全，从中也聚敛了大量财富。1858年坦泽马特时代颁布《土地法》之后，巴勒斯坦的部落制度逐渐衰落，家族统治的传统也受到削弱。氏族转变为拥有小土地的家庭，谢赫的统治地位逐渐被新兴的地主精英家族和知识分子贵族阶层所取代，后者在巴勒斯坦的政治、经济、宗教文化事务中发挥越来越重要的作用。当时耶路撒冷最具影响力的精英家族有哈利德家族、努赛巴家族、阿拉姆家族、侯赛因家族和纳沙什布家族等，家族之间的竞争和冲突长期存在。

三、经济发展

19世纪60年代，巴勒斯坦的经济和社会发展进入了新时期。商业资产阶级逐渐在巴勒斯坦沿海平原和耶路撒冷出现，大多商人都是与西方国家有联系的基督徒。他们将西方的商品进口到国内，这在带动商业、银行、贸易、运输业等产业发展的同时，也极大地冲击着巴勒斯坦原有的毛纺针织等传统手工业领域。自给自足的自然经济不断受到商品化农业的挑战，柑橘、橄榄、芝麻和葡萄等传统种植业的面积扩大，出口量显著增长。巴勒斯坦经济的发展也使社会贫富差距拉大，财富不断集中到少部分大商人手中，广大农民和手工业者经济情况的改善却微乎其微。

四、犹太人移民活动

奥斯曼帝国末期，犹太复国主义运动的兴起和犹太人向巴勒斯坦的移民活动也是这一时期的重要特征。自1世纪罗马帝国镇压犹太人的三次大规模起义后，绝大部分犹太人被迫离开巴勒斯坦流亡世界各地。由于政治、宗教、经济等诸多原因，犹太人的集中流散地欧洲国家时常发生排犹、反犹、驱逐犹太人的活动。受欧洲资产阶级革命的推动，19世纪犹太复国主义思想开始在犹太人中间萌芽。

1897年8月，第一届世界犹太人代表大会在瑞士巴塞尔召开。此次会议取得了两大成果：一是通过了《世界犹太复国主义运动纲领》（《巴塞尔纲领》），明确规定犹太复国主义的目标是"争取在巴勒斯坦为犹太民族建立一个得到公认的、有法律保障的家园"；二是成立了世界犹太复国主义组织，西奥多·赫茨尔任主席。巴塞尔大会是犹太复国主义运动史上的里程碑，标志着该运动开始以统一的、世界性的政治运动面貌出现，这也是现代巴勒斯坦问题出现的起因。

但是，至第一次世界大战结束之时，巴勒斯坦约有70万定居人口和5万游牧人口，其中犹太人仅占7%左右，主要生活在耶路撒冷、希伯伦和伯利恒等地。穆斯林约占80%，大都属于逊尼派，主要分布在北起杰宁、南至希伯伦的内陆山区，从事农业生产。

第四节　英国委任统治时期

❧ 一、《贝尔福宣言》与权力过渡期

由于犹太复国主义者在世界各地的积极活动和游说，以及英国出于其在中东利益的具体考量，1917年11月2日，英国外交大臣阿瑟·贝尔福致函英国犹太复国主义者联盟副主席、犹太人大财阀沃尔特·罗斯柴尔德勋爵的信件中声明："英王陛下政府赞成在巴勒斯坦建立一个犹太人的民族之家，并将尽最大努力促其实现，但必须明白理解，绝不应该使巴勒斯坦现有非犹太社团的公民权利和宗教权利或其他任何国家内的犹太人所享有的权利和政治地位受到损害。"这封信后来被称为《贝尔福宣言》，该宣言标志着第一次有西方大国明确表态支持犹太复国主义运动，赞成"在巴勒斯坦建立一个犹太人的民族之家"。这对巴勒斯坦的命运乃至整个中东局势的走向产生了深远的影响。

1918年第一次世界大战结束之后，随着奥斯曼土耳其帝国的土崩瓦解，其在巴勒斯坦的统治权力不复存在。在巴黎和会上，美国总统威尔逊提出的对德国和土耳其的属地实行委任统治的建议被国际联盟所认可，《贝尔福宣言》的内容和原则也得到了承认和接受。1920年协约国主要国家签订了《圣雷莫协定》，将巴勒斯坦划入英国委任统治

的具体范围，英国政府任命英籍犹太人赫伯特·塞缪尔为第一任驻巴勒斯坦高级官员，其上任后，采取了一系列鼓励犹太人移居巴勒斯坦的政策，并颁布新的移民法，增加犹太移民的人数配额。1921年3月，英国同意将巴勒斯坦分为约旦河以西的巴勒斯坦和以东的外约旦（独立）两部分。1922年7月，国际联盟正式批准巴勒斯坦作为英国的委任地，委任统治国享有立法和行政全权，自此开启了英国对巴勒斯坦长达二十多年的委任统治。

❀ 二、经济社会状况

英国委任统治时期，着重投资建设巴勒斯坦的交通运输和通信设施，致力于将其建设为连接英国与伊拉克、叙利亚、沙特等阿拉伯国家的重要枢纽。委任统治政府在海法建立了当时中东地区最大的现代化港口，将雅法扩建成能管理当地进出口业务的大海港，将特拉维夫建成一个大型的新港口，并在巴勒斯坦境内建设新的公路网和铁路线，将耶路撒冷、希伯伦、雅法、杰里科、纳布卢斯等重要城市连接起来。委任政府也在巴勒斯坦修建电话设施和广播站，铺设电缆，建立与阿拉伯国家、伦敦之间的邮政路线。现代化的运输和通信体系的建立，促进了巴勒斯坦国际贸易的发展，其进口的商品主要有工业机械、消费产品和食品，出口柑橘、葡萄、柚等农产品，1939年海法石油精炼厂建成之后，石油产品逐渐在出口量中占据很大份额。这一时期，巴勒斯坦一度被认为是中东最繁荣的地区之一。

经济的繁荣并未给巴勒斯坦农民带来福利，社会贫富差距悬殊。绝大多数土地集中在极少数家族或大土地所有者手中，失去土地的农民愈来愈多，且赋税沉重，致使贫困化日趋严重。破产的农民和手工业者不得不前往沿海城市寻找工作，但因低下的受教育程度，以及英国委任政府实施带有歧视色彩的双重标准，他们逐步沦为廉价的雇佣劳动力，处境更加恶化。

发端于奥斯曼帝国末期的巴勒斯坦民族主义，于20世纪20年代逐渐从阿拉伯民族主义中分离出来，地方性色彩更为浓厚。巴勒斯坦民族主义将精力主要集中在巴勒斯坦问题上，反对英国的委任统治和犹太复国主义思潮，追求在巴勒斯坦范围内实现民族独立，维护民族权益。第二次世界大战之前，出现了民族党、阿拉伯独立党、民族保卫党、巴勒斯坦阿拉伯党、改革党、民族集团等引领巴勒斯坦民族主义的发展和具体活动，但它们大都由著名家族中的政治精英建立，或受某个家族的支持，因而具有浓厚的家族色彩。

三、犹太人移民浪潮

英国的委任统治为犹太人移居巴勒斯坦提供了便利。成批的犹太人从世界各地尤其是东欧涌入巴勒斯坦，致使巴勒斯坦的犹太居民数量急剧膨胀。1920—1929年，约有10万犹太人迁居巴勒斯坦，至20世纪20年代末，犹太人数已达到15.6万人，占巴勒斯坦总人口的16.3%。20世纪30年代希特勒通过"纽伦堡法"之后，纳粹对犹太人的残酷迫害使该地区的犹太人大批外逃。1930—1939年，移居巴勒斯坦的犹太人约有23.2万人。仅1935年就有约6.2万人移入巴勒斯坦，是1931年的15倍之多。至30年代末，犹太人数已增加至44.5万人，占巴勒斯坦总人口的29.7%，与1922年相比，增长了52%。

随着犹太移民数量的增加，犹太人购置巴勒斯坦土地的行动也逐步展开。犹太民族基金会、巴勒斯坦土地发展公司、巴勒斯坦犹太殖民协会和个人先后购买了84.6万杜纳姆土地，至20世纪30年代末，犹太人共占有土地约149.6万杜纳姆，占巴勒斯坦土地总面积的5%。这些被购买的土地转化为犹太社团不可转让的财产，原住阿拉伯佃户遭到驱逐，甚至沦为难民。同时，犹太人在购买地上悬挂旗帜，建立学校，教授希伯来语，成立准军事的防卫组织哈加纳，犹太国的雏形逐步形成。

四、阿拉伯人大起义

英国委任统治时期，阿拉伯人大都生活在巴勒斯坦北部和中部的农村地区，从事农业生产，采用分成制的租佃方式，耕种地主的土地。随着犹太复国主义组织的迅速发展、犹太移民数量的不断增长，以及英国奉行"扶犹排阿"政策，巴勒斯坦土地上的阿拉伯人明显感觉到了来自犹太人的威胁。20世纪20年代之后，双方之间的矛盾日益尖锐，摩擦和冲突时有发生，1929年因西墙的归属权问题酿成了一场大规模的流血冲突。

1935年，犹太人向巴勒斯坦的移民数量达到了前所未有的峰值，这使原住阿拉伯人明显感受到争夺土地、资源等压力，加之全球性的经济衰退致使国民收入大为减少，这些综合因素引发了社会各阶层对英国的不满，原本紧张的政治局势变得更加动荡不安。同年年初，阿拉伯人和犹太人的冲突就时有发生，10月犹太人从境外偷运手枪、子弹等武器的真相被曝光后，雅法港口的阿拉伯工人举行了罢工。1936年4月起，纳布卢斯、耶路撒冷、图勒凯尔姆等地相继爆发罢工活动，并建立地区民族委员会、交通罢工委员会和阿拉伯最高委员会①等负责协调罢工行动，英国委任统治政府随即宣布全国进入紧急状态。

1937年7月，英国皮尔调查团公布了"皮尔分治计划"，首次建议将巴勒斯坦分为英国委任统治区、阿拉伯国和犹太国。这一方案遭到阿拉伯人的强烈谴责与拒绝，反抗活动遍及巴勒斯坦全境。1938年武装斗争达到高潮，阿拉伯人一度占领耶路撒冷。巴勒斯坦的斗争也受到了阿拉伯各国的支持，1937年9月，埃及、叙利亚、黎巴嫩、伊拉克、外约旦等国及巴勒斯坦代表在叙利亚举行阿拉伯代表大会，谴责《贝尔福宣言》、委任统治和分割巴勒斯坦领土的计划。1938年，阿拉伯国家在开罗举行各国议会会议，重申支持巴勒斯坦人的一切权利。但是，由于阿拉伯各阶层之间的利益冲突，以及所面对的敌人力量异常强大，持续3年的抗议活动最终遭到英国委任统治当局的武力镇压，阿拉伯最高委员会被解散，部分委员遭到逮捕或流放，起义失败。1939年，英国控制住了巴勒斯坦的局势。

1936—1939年，史称"阿拉伯大起义"的巴勒斯坦斗争虽然遭到了镇压，但迫使英国重新考虑巴勒斯坦政策。1939年5月17日，英国政府发表的《关于巴勒斯坦问题的白皮书》中，限制犹太人向巴勒斯坦的移民数量，节制阿拉伯人土地的转让，犹太人随即转而寻求美国的支持。1942年5月在纽约召开的犹太复国主义组织代表会议上通过

---

① 当时阿拉伯最高委员会和阿拉伯执行委员会（1934年解散）一同被视为阿拉伯社团的发言人，得到大多数民众的支持。但英国委任统治政府拒不承认这两大团体的存在，其于1921年设立穆斯林最高委员会管理穆斯林的宗教、捐款和法庭等事务。

的《比尔特莫尔纲领》[1]、1944年3月9日《美国总统罗斯福关于美国不赞成英国1939年白皮书的声明》的发表，以及1946年10月4日杜鲁门《赎罪日声明》首次公开提出分治原则，标志着美国开始在巴勒斯坦问题上扮演积极的角色。1947年2月，英国政府将巴勒斯坦问题提交给了联合国，"如果我们无法接受联合国建议的解决方案，我们有权放弃委任统治，让联合国为未来的巴勒斯坦政府做出其他的安排"。

第五节　五次中东战争

1947年4月28日，联合国大会召开第一届巴勒斯坦问题特别会议，设立了由11个成员国组成的巴勒斯坦问题特别委员会（联巴特委会，简称UNSCOP），负责调查所有与巴勒斯坦问题相关的事宜，并提出建议。8月31日，联巴特委会就结束巴勒斯坦的委任统治、独立原则、联合国的作用等问题达成了协议，但没有就巴勒斯坦问题协商一致。加拿大、捷克斯洛伐克、荷兰、瑞典、危地马拉、秘鲁和乌拉圭提出"政治分立和经济联盟"计划的多数提案，即建议在巴勒斯坦建立一个独立的阿拉伯国和一个独立的犹太国，耶路撒冷由联合国负责托管，考虑到巴勒斯坦地域和资源的局限性，提议这三个实体结为一个经济联盟。伊朗、印度和南斯拉夫提出成立一个"巴勒斯坦联邦国"的少数提案，即巴勒斯坦由犹太国和阿拉伯国组成，以耶路撒冷为联邦的首都，阿拉伯人、犹太人和其他人等都具有单一的巴勒斯坦国籍和公民身份。

❦ 一、第181号（II）号决议

1947年11月29日，在美国和苏联的共同推进下，联合国大会以美苏等国33票赞成、阿拉伯等国13票反对、英国等国10票弃权通过了《巴勒斯坦将来治理（分治计划）问题的决议》〔第181（II）号决

---

[1] 《比尔特莫尔纲领》（Biltmore Program）正式提出打开巴勒斯坦的大门的口号，赋予犹太人向巴勒斯坦移民、开垦土地、建立国家的权利，也致力于"将整个巴勒斯坦建成一个犹太联邦"。这成为犹太复国主义运动的新指导方针，也标志着运动的领导权已转移到激进的亲美派手中。

议]，批准联巴特委会多数成员提议、修改的政治分治经济联合计划。决议所附的《分治计划》分为4个部分，即巴勒斯坦将来的组织和治理、边界、耶路撒冷市和治外法权条款，其中就结束委任统治、两国独立步骤、疆界、未来组织和政府、国籍、宗教和少数者权利、耶路撒冷地位等问题做了规定。主要内容包括以下几个方面：

其一，最迟于1948年8月1日结束英国对巴勒斯坦的委任统治；

其二，阿拉伯国和犹太国应于委任统治国武装部队撤退完毕后两个月成立，但不得迟于1948年10月1日；

其三，巴勒斯坦将分为8个部分，3个部分划归阿拉伯国，3个部分归于犹太国，第7部分雅法市将成为在犹太领土内的一块阿拉伯飞地，第8部分国际实体耶路撒冷将由托管理事会代表联合国担负管理当局的责任；

其四，设立联合国巴勒斯坦委员会以落实大会建议，并请安全理事会采取必要措施，执行分治计划。

根据决议，占巴勒斯坦总人口不到1/3（约60万）的犹太人享有56.4%（约1.49万平方千米）的土地面积，大部分为肥沃的沿海地带；占巴勒斯坦总人口2/3（约130万）的阿拉伯人仅拥有42.8%（约1.12万平方千米）的土地面积，而且多半是土地贫瘠、丘陵起伏的山区地带。

第181（Ⅱ）号决议通过之后，立即在阿拉伯人和犹太人中间产生了截然不同的强烈反响。犹太复国主义者将其视为建国的法律依据，1948年以色列国在巴勒斯坦建立。但是，分治决议遭到了阿拉伯人和阿拉伯国家的强烈反对。他们表示《联合国宪章》赋予各国人民决定其自身命运的权利，而该决议是在不符合联合国精神的情况下通过的，巴勒斯坦阿拉伯人反对瓜分、分裂和分治其国家或给予某一少数民族特殊和优惠权利和地位的任何计划。1947年12月17日，阿拉伯国家联盟发表声明，"决心为反对联合国分裂巴勒斯坦的决议而战"，将采取"决定性手段"以防止巴勒斯坦的分治。自1948年至1973年，阿拉伯国家和以色列之间爆发了四次战争。

❖ 二、第一次中东战争（1948年5月—1949年2月）

联合国通过分治决议后，巴勒斯坦就不断爆发阿犹两个民族之间的暴力冲突。从1947年11月29日到1948年5月14日，整个巴勒斯坦实际上处于一种战争早期预备阶段，即非正式的战争状态。阿拉伯的军事力量主要有两支：一支是由当时的阿盟七国组建的"阿拉伯解放军"（阿拉伯救世军），另一支是由巴勒斯坦阿拉伯人组成的"圣战军"（阿拉伯军团）。犹太人主要的武装力量是"哈加纳"和"伊尔贡"右翼武装。这一时期，犹太复国主义以武力威逼获取承认、以恐吓驱逐阿拉伯人来扩大犹太国领土面积的举动，以及阿拉伯难民向周围国家的大批逃亡，成为第一次中东战争爆发的主要原因。

1948年5月14日，民族执行委员会主席戴维·本-古里（David Ben-Gurion）在特拉维夫现代艺术博物馆宣读《以色列独立宣言》，"以色列国"正式建立，美国、危地马拉、苏联立即给予承认。5月15日，埃及、伊拉克、外约旦、叙利亚和黎巴嫩的军队相继进入巴勒斯坦，第一次中东战争正式爆发。

战争初期，与以色列军队相比，阿拉伯军队在数量上略占优势，捷报频传。在关键时刻，美国操纵安理会通过了首次停火4周的议案。停火期间，以色列巧妙地从不遵守联合国政策的东方集团购进大批武器，迅速补充了实力。7月9日，战端又起，之前的实力均衡形势被以方的优势所取代，犹太人牢牢控制战争的主动权，以色列在10天之内夺回了除内盖夫和胡拉湖地区外犹太国的所有土地。7月15日，安理会第二次通过无限期停火决议。10月15日，以色列破坏协议，发动大规模的约夫战役、希拉姆战役和霍雷夫战役，控制了巴勒斯坦的大部分地区，甚至威胁要进入西奈半岛和西岸地区。1949年2月起，埃及（2月24日）、黎巴嫩（3月28日）、外约旦（4月3日）、叙利亚（7月20日）相继与以色列缔结停战协定和划定停战分界线。至此，第一次中东战争以阿拉伯国家的失利、以色列的胜利而宣告结束。

经过这次战争，以色列占领了巴勒斯坦77%的土地，埃及控制了加沙，外约旦兼并了约旦河西岸和耶路撒冷旧城（东城区）。分治决议中拟议的阿拉伯领土被瓜分，阿拉伯国也未能正式建立且建立之日遥遥无期，近百万巴勒斯坦阿拉伯人沦为难民，阿以矛盾更为突出。

❧ 三、第二次中东战争（1956年10月—11月）

埃及七月革命之后，1936年签订的英埃条约被迫废除，英国逐步从埃及撤出军队。但苏伊士运河公司仍然控制在英法殖民者手中，因此收回运河主权成为埃及人民新的斗争目标。此外，埃及坚决支持巴勒斯坦阿拉伯人收复失地和恢复民族主权的斗争，同以色列的矛盾日益突出。1955年2月，鹰派本·古里安派出军队在加沙地带发动了一场针对巴勒斯坦人的大规模报复行动，迫使纳赛尔陷入了与以色列完全对峙的状态。

1956年，美国宣布撤回对埃及阿斯旺大坝工程的援助。作为回应，7月26日，埃及总统纳赛尔宣布将苏伊士运河收归国有，表示埃及将用属于自己主权的苏伊士运河的收益修建高坝。之后他又公开拒绝在冷战中加入西方阵营，这一决定触碰了西方国家的利益。英法一方面冻结埃及在各自国内银行的存款和运河公司基金，下令英法船只不向埃及缴纳通行费；另一方面，决心诉诸武力，恢复对运河的控制权。法国提出为以色列国防军提供武器，并为以色列提供拥有核能力所需的原料。英法同以色列相互联合，制订了共同侵埃计划：由以色列先向西奈半岛发动进攻，给英法制造干涉的借口，然后英法再出兵塞得港，占领运河区，逼迫纳赛尔下台。10月24日，以、英、法三国领导人就联合入侵埃及达成了最后协议。

10月29日，4.5万名以色列军队分四路越过边界进入西奈半岛南部，向埃及发动突然袭击，第二次中东战争（又称苏伊士运河战争、西奈战争）爆发。30日，埃及发动全国总动员，装甲部队开进西奈支援驻守部队向以军反攻。此时，英法向埃及发出最后通牒，在遭到拒绝后，31日下午，英法出动200多架飞机和100多艘军舰轰炸亚历山大和开罗等城市。11月5日，英法两万名海军陆战队进攻塞得港，埃及军民顽强抵抗，为保卫塞得港英勇奋战。最终在美苏的强大压力下，11月5日和6日，以、英、法先后宣布接受联合国安理会997号停火协议，持续8天的第二次中东战争宣告结束。

这次战争中，埃及虽然在军事和经济上遭到了巨大损失，但政治影响力倍增，从此成为阿拉伯民族主义运动的中心。以色列通过战争也基本达到了参战的目的，它不仅在军事上打击了埃及，而且联合国紧急部队在战后开始陆续分批进驻塞得港和运河区的举动为埃以之间建立起了一道缓冲地带，使埃以边界保持了10年的相对平静，从而保证国内政治、经济的平稳发展。这次战争后，英法在中东的殖民统治正式结束，其影响力由美苏取而代之。

四、第三次中东战争（1967年6月）

（一）战争背景

第三次中东战争（又称"六·五"战争）是在美苏冷战的大背景下爆发的。苏伊士运河战争之后，苏联加紧了在中东的扩张，以经济援助和军事援助为主要手段，重点向埃及渗透，并确立在叙利亚和伊拉克的地位。美国采取扶植以色列的策略，通过向其提供武器装备和武装人员来打击埃及、抗衡苏联。阿拉伯世界与以色列之间的军备竞赛在苏伊士运河战争之后愈演愈烈，其中包括以色列拥有核武器，阿拉伯世界大规模增加现代武器装备、不断增加安全预算等措施。1965年以色列发生经济危机，社会动荡不安，想利用战争转移国内矛盾，并消灭日益发展起来的巴解武装力量。

（二）战争经过

1965年5月，以色列故意向苏联泄露进攻叙利亚的假情报，苏联迅速将这份"情报"转达给埃及。埃及宣布全国进入紧急戒备状态，并封锁亚喀巴湾，禁止以色列船只和为以色列运输货物的外国船只通行。以色列以此事为导火索，进行全面战争动员。后经国际社会调解，埃、叙、约三国解除了紧张的战备状态，但以色列却按计划完成了最后的战事准备。6月5日早晨，以色列先发制人，其空军轮番轰炸埃及、叙利亚和约旦的空军基地、导弹和雷达通信等军事设施。在短短3个小时之内，以色列就完全控制了制空权，随后出动地面部队分北、中、南三路进攻西奈半岛。经过两天的激烈战争，以军突进了苏伊士运河东岸地区，并占领了西奈半岛西部海岸线。同时，伞兵空降到沙姆沙伊赫，在海军的配合下打通了亚喀巴湾。8日，整个西奈半岛已经由以军控制。当晚，埃及和以色列接受了联合国安理会的停火协议。这次战争的另一个战场在约旦河西岸，5日上午，以色列向约旦发起进攻，以色列先是空袭了约旦的空军基地，随后向约旦河西岸发起了地面进攻。7日上午，以军突破约旦军队的防线，攻入耶路撒冷旧城区。经过激战，以军占领了东耶路撒冷和整个约旦河西岸。当晚，约旦和以色列接受联合国停火协议。9日上午，以军又集中兵力向叙利亚的戈兰高地发起进攻，10日，以军占领了戈兰高地的首府库奈特拉等一些重要战略目标，并控制了通往大马士革的公路。11日，叙利亚和以色列签署停火协议。至此，战事全部结束。

（三）战争结果

"六·五"战争历时6天，以以色列的胜利和阿拉伯国家的失利而结束。埃及、叙利亚和约旦三国损失惨重，死伤5万余名士兵，丢失约1.6万平方千米的土地。以色列在战争中占领了西奈半岛、加沙地带、东耶路撒冷、约旦河西岸和叙利亚戈兰高地的一部分，其国土疆域从苏伊士运河东岸延伸到了戈兰高地北端，国土面积是原有面积的4倍之多。以色列在新占领的土地上推动犹太化进程，建起防御性高墙，如著名的"巴列夫防线"（Bar Lev Line）。同时在被占领土上安置犹太人定居点，形成一条安全走廊的"阿隆计划"，这与继续忍受剥夺的巴勒斯坦难民在夹缝中求生存的状态形成强烈反差。

（四）第242号决议

1967年11月22日，联合国安理会以英国提案为基础，通过了第242号决议，这些原则后来成为全面解决中东问题的基础。这项决议规定：

其一，以色列军队撤离其于最近冲突所占领的领土；

其二，终止一切交战地位的主张或状态，尊重并承认该地区每一国家的主权、领土完整及政治独立，与其在安全及公认的疆界内和平生存、不受威胁或武力行为的权利。

其三，该决议还重新申明保证该地区国际水道之自由通航，难民问题之公正解决，以及保证该地区每一国家之领土不受侵犯及政治独立。

该决议是对第181号决议的调整，也是有关各方相互妥协的结果。决议要求以色列撤出战争中所占领阿拉伯领土的同时，也要求阿拉伯国家承认以色列的生存权利，实际上也默许了"六·五"战争之前以色列的边界。但在当时严峻对峙的形势下，阿以双方都拒绝接受和履行该决议。后来在联合国特别代表瑞典驻苏大使雅林的协调之下，埃及和约旦接受该决议，但认为以色列撤离战争中所占领土是谈判的先决条件。以色列也接受这项决议，但表示只有通过与阿拉伯国家的直接谈判并缔结全面和平条约，才能解决撤离问题和难民问题。叙利亚拒绝接受安理会的行动，坚持认为这项决议把以色列撤离的主要问题与要求阿拉伯国家做出让步的问题混为一谈。巴勒斯坦解放组织（以下简称巴解组织）严厉批评该决议，认为该决议把巴勒斯坦问题贬损为一个难民问题。

❀ 五、第四次中东战争（1973年10月）

"六·五"战争后，美苏两国竭力在中东维持"不战不和"的局面，以避免双方间的直接对抗。1973年初，埃及与叙利亚成立了武装部队联合司令部，制订了发动一场以"有限战争"为目标的"巴德尔"行动计划，目的是打破这种僵持的局面。9月中旬，埃、叙、以三国首脑在开罗会晤，制订了共同的作战计划与目标，完成了战前准备。

（一）战争过程

1973年10月6日，埃及向苏伊士运河东岸的以军阵地发起突然攻击，突破巴列夫防线，控制了西奈半岛纵深15千米的区域，第四次中东战争（又称为"十月战争"、"斋月战争"或"赎罪日战争"）随即爆发。在戈兰高地，叙利亚突破以军阵地，收复1967年战争中的大片失地，包围库奈特拉。巴解组织领导的2万余名游击队在以占区开辟了第三战场，支援前线。约旦等9个阿拉伯国家出动大批军队和武装力量参加战斗，沙特等海湾国家向阿方提供了20亿美元的资助，并使用石油武器配合军事斗争。阿方初战告捷后，埃及军队停止进攻。以色列趁机化被动为主动，集中兵力，实行先北线、后西线逐个击破的有效反击策略，重新占领了叙军收回的戈兰高地，迫使埃军转为防守。十月战争共持续18天，是阿以之间规模最大的一次战争。

（二）第338号决议

1973年10月22日，联合国安理会通过了美苏联合提交的立即就地停火的第338号决议，其中重申第242号决议的原则，并要求各方进行谈判，以求"在中东建立公正而持久的和平"。第338号决议的主要内容有：

其一，现有参战的各方，不迟于本决议通过后12小时，在他们目前占领的地点，立即停止一切射击并终止所有的军事活动；

其二，要求各有关方面停火后立即开始执行安全理事会第242号决议的所有部分；

其三，决定由各有关方面于停火的同时，立即在适当主持下开始进行谈判，旨在建立中东的公正和持久的和平。

（三）战争影响

埃及、以色列、叙利亚分别于22日、24日宣布停火，第四次中东战争宣告结束。十月战争使以色列和阿拉伯国家都遭受了巨大损失。虽然以色列是战争的最终胜利者，但在战争初级阶段，以色列军队暴露出的弱点严重影响了国家的斗志、自信心和政府威信，也使政治领导者开始重新思考对待阿拉伯国家的立场和态度。同时，战争的伤亡人数是"六·五"战争的3倍之多，这加剧了国内政治和经济矛盾，引起以色列政治和文化分崩离析，彻底粉碎了以色列无敌的神话。

阿拉伯国家虽然在军事上没有取得决定性胜利，但成功地改变了中东地区的军事平衡，并产生了巨大的政治影响。在这次战争中，海湾国家用石油武器来对抗西方，给埃及和叙利亚巨大的支持。埃及和叙利亚的军队冲破了以色列防线，这对于阿拉伯国家来说，是一次史无前例的成功。他们不仅收复了运河东岸28～30千米宽的狭长地带和戈兰高地部分地区，也打破了"六·五"战争后"不战不和"的僵持局面，为公正解决阿以冲突创造了条件。通过的第338号决议，与第242号决议也一同被认为是后来所有讨论中东问题和平进程的基本原则。

"十月战争"是埃及和叙利亚试图收复领土的战争，无论从策略上来看，还是从目标上来看，巴勒斯坦问题被搁置到了第二位。1974年，巴勒斯坦问题作为一个民族问题再度列入大会议程，巴勒斯坦人民的不可剥夺权利也获得重申和明确阐述。第3236号决议申明，这些权利包括：不受外来干预的自决权利；取得国家独立和主权的权利；被迫流离失所的巴勒斯坦人重返家园和收回财产的权利。第3237号决议规定，在联合国大会和其他由联合国主持的各类会议中，巴勒斯坦解放组织被授予观察员的身份。1975年11月，联合国大会设立了"巴勒斯坦人民行使不可剥夺权利委员会"，由阿富汗、古巴、印度、突尼斯等20个会员国组成，成为联合国内部专门负责处理巴勒斯坦问题的机构。

六、以色列入侵黎巴嫩（1982年6月）

1970年"黑九月事件"之后，巴解总部被迫迁往黎巴嫩首都贝鲁特西区，巴解武装人员以黎南部为基地，开展针对以色列的武装活动，以色列将其视为最大的安全隐患。1982年6月6日，以色列对黎巴嫩发动了名为"加利利和平行动"的大规模军事入侵，以色列宣称这次军事行动的目的是摧毁巴解的政治组织、军事机构和巴勒斯坦游击队的基地，"使加利利地区所有居民远离来自黎巴嫩的巴勒斯坦恐怖分子炮火的射程"，并将巴勒斯坦武装驱逐到离以色列边境40千米以外的地区。

以色列首先对黎巴嫩南部巴解游击队发动猛烈进攻，陆续分割包围巴解武装力量，摧毁了巴解组织的军事基地和设施。其后以色列实施代号为"大松树行动"的计划，重兵围攻巴解组织总部所在的贝鲁特西区，不断炮轰巴解组织的总部机关和防御基地。在战争中，由于双方力量对比悬殊，巴解损失惨重。巴解游击队损失了2/3的兵力，丢掉了黎巴嫩南部的基地，巴以力量对比更为悬殊。

在美国总统特使哈比卜的斡旋下，经过两个月的艰苦谈判，巴解组织、以色列、黎巴嫩达成协议：巴解武装力量撤出贝鲁特西区，黎巴嫩和美国政府保证平民安全，以色列军队不得进入西区。巴解总部迁往突尼斯，1.2万名巴解士兵分散到8个阿拉伯国家，失去了最后一块袭击以色列的前沿阵地。这场战争是在黎巴嫩国内长期内战的背景下爆发的，以色列打击的主要目标是巴解组织，因此也有学者将其视作"第五次中东战争"。

第六节　巴以和平进程的缓慢启动

❖ 一、戴维营协定

1977年11月19日，埃及总统萨达特突破"三不"政策访问耶路撒冷，这一举动虽在阿拉伯世界激起不同凡响，但迈出了中东和平的第一步。在此次破冰之旅中，埃以就"十月战争是两国之间的最后一次战争"和"在谈判桌前解决纠纷、讨论彼此的安全问题"达成协议。

1978年9月17日，埃及和以色列在美国的调解下，通过和平谈判签署了《戴维营协议》。协议中的重要文件——《关于实现中东和平的纲要》（以下简称《纲要》）主要讨论巴勒斯坦问题。《纲要》规定，联合国安理会第242号决议是和平解决中东问题的基础，该地区各国都有在公认边界内和平、安全生活的权利；要求埃及、以色列、约旦和巴勒斯坦的代表参加和平解决巴勒斯坦问题的谈判，这一谈判包括对约旦河西岸和加沙地带做出不超过5年的过渡安排；有关各方不得迟于过渡期的第3年，谈判确定约旦河西岸和加沙地带的最终地位以及与周边国家的关系。1979年3月26日，萨达特和贝京在白宫正式签署《埃以和平条约》。

埃以和平谈判的进程和结果不仅促使埃以关系实现正常化，而且打破了30年来巴以之间的全面交战和对峙状态，更为解决巴以之间关于约旦河西岸和加沙地带的归属问题勾勒出一个新图景，对巴以冲突的和平解决具有重要的示范意义。在埃以和谈的背景下，巴以双方虽仍在耶路撒冷地位、边界、犹太人定居点、巴勒斯坦难民等核心问题上存在分歧，但双方关系的大体趋势已经逐渐从暴力对抗走向政治对话。

1983年9月巴勒斯坦问题国际会议正式召开，其间通过了《日内瓦宣言》，提出了必须反对和拒绝以色列在被占领土上建立定居点，以及其所采取的改变耶路撒冷地位的一切行动；该地区所有的国家均有权在安全和国际公认的边界内生存，所有的人民均有权享受公正的待遇并过上安定的生活；承认并实现巴勒斯坦人民不可剥夺的合法权利等原则。

❀ 二、1987年起被占领土巴勒斯坦人大起义

1987年年底，被占领土约旦河西岸和加沙地带爆发了巴勒斯坦民族大起义，巴勒斯坦人称之为"因提法达"（intifada），意思是"震动""颤抖"。这是一场由人民发动的非暴力不服从抵抗运动，是1967年以色列占领以来规模最大、持续时间最长的巴以冲突，其终结了以色列对约旦河西岸（包括东耶路撒冷）和加沙地带的占领，促使巴勒斯坦国的建立。"因提法达"于1991年马德里和会召开时基本结束，正式结束于1993年《奥斯陆和平协议》签订之后。

（一）起义之因

1948—1987年，巴勒斯坦人的生活水平持续下降，尤其是"六·五"战争后以色列占领了约旦河西岸、加沙地带和东耶路撒冷，并在上述地区实施高压军事统治、种族歧视、高额赋税、经济剥削、法律歧视等政策，导致巴勒斯坦人严重不满。1977年利库德集团执政以来不断扩建定居点，1984年以色列决定提高被占领土上巴勒斯坦人的税额，进一步减少巴勒斯坦人的用水量，巴勒斯坦人的生存环境不断受到挤压。1985年以色列在被占领土上推行"铁拳"政策（"Iron Fist" Policy），巴勒斯坦人遭到公开驱逐，流散于其他阿拉伯国家的难民身份、痛苦经历和耻辱感使其不愿离开故土，孕育和产生了坚决抵抗以色列占领的决心。1987年10月，阿拉伯国家领导人在安曼召开的首脑会议上，将重点集中在如何应对伊朗伊斯兰共和国的威胁，而巴勒斯坦问题被边缘化，致使巴勒斯坦人对海外支持和救援失去信心，这直接促使了第一次巴勒斯坦人大起义爆发。

（二）起义进程

1987年12月6日，犹太商人什洛莫·萨克莱在加沙市场购物时被一名巴勒斯坦青年刺杀。8日，一辆以色列坦克运输车在检查站与一排小汽车相撞，车内乘坐着大批刚从以色列工作完赶回家的巴勒斯坦人，车祸导致4人死亡，其中3人均来自加沙最大的杰巴利耶难民营。起初，该事件仅被视作一场普通的车祸，但后来"以色列为两天前被刺杀的犹太商人复仇的行为"一说广为流传，在东耶路撒冷出版的阿

拉伯报纸也将此次事件称为"蓄谋已久的犯罪行为"。1万多人参加了死者的葬礼，其间巴勒斯坦青年用扔石块的方式反抗以色列占领，后快速演变为70多万人的总罢工，起义正式拉开序幕。

这次起义中，巴勒斯坦民众主要采取非暴力不服从抵抗策略。巴勒斯坦人从以色列警察局和税务机构辞职，向以色列行政部门和军事当局发起挑战；举行商业罢工、静坐罢工，抵制以色列产品；不向以色列缴纳税款，将税收用于支持起义活动；毁坏以色列颁发的身份证；悬挂巴勒斯坦旗帜；破坏一些基础设施，张贴反对以色列的海报；创建独立电台，兴建学校、医疗机构和应急服务等。其间，也不乏部分巴勒斯坦人用石块来抗击以色列士兵的举动，因此又称作"投石运动"。这次起义一直延续到1993年《奥斯陆和平协议》签署之后才逐渐平息。

（三）结果和影响

起义造成巨大的人员伤亡。以色列外交部公布，有200名以色列人死亡，伤亡人数达3 100名。巴勒斯坦死亡人数超过1 200人，因射击、炸弹袭击、催泪弹受伤的人数达6.07万人。[①]巴勒斯坦领导阶层也受到极大损失，法塔赫的创始人之一哈利勒·瓦齐尔（Khalil al-Wazir）遭到暗杀。

起义使约旦河西岸正式脱离约旦，成为巴解组织与以色列对峙、和谈的核心阵地。1948年第一次中东战争中，约旦将占领的西岸土地划归其版图，在此设立约旦的行政体系，实施哈希姆王国的法律。1967年"六·五"战争中，以色列占领了约旦河西岸，但西岸仍与约旦保持政治、经济、法律和文化上的密切往来。此次起义爆发不久，即1988年7月31日，约旦国王侯赛因就宣布在法律上、行政上、财政上完全与约旦河西岸分离，这使巴勒斯坦人从以色列、阿拉伯国家政权两方面获得解放和独立。

起义提升了当地领导者和活动家的组织协调能力，促使一个新的精英产生。全国统一领导起义联盟（Unified National Leadership of the

---

①   Rami Nasrallah, "The First and Second Palestinian Intifadas", in Joel Peters and David Newman：eds., *The Routledge Handbook on the Israeli-Palestinian Conflict*, New York：Routledge, 2013, pp.60-61.

Uprising，简称UNLU）是当地巴勒斯坦领导者的集合，它打破了不同政治派别之间宗教、政治、性别、社会地位的分歧，将他们联合在一起，在组织和动员下层民众方面发挥着核心作用。当约旦国王宣布与约旦河西岸分离之后，全国统一领导起义联盟很快填补了当地的政治真空状态。

起义催生巴勒斯坦抵抗运动（哈马斯）的产生。第一次巴勒斯坦民族大起义为哈马斯提供了传播思想的平台，使其很快发展成为巴勒斯坦的第二大组织，与巴解组织为争取巴勒斯坦人支持的斗争正式开启。

起义直接推动了巴以和平进程。1988年11月，巴勒斯坦全国委员会宣告在约旦河西岸和加沙地带建立一个统一的巴勒斯坦国，接受两国方案。巴解组织的斗争策略由军事武装转变为接受1947年联合国划界的和平和历史妥协策略，①这迈出了和平进程中关键的第一步。大起义促使以色列人开始支持工党的政策，决定通过和谈来解决双方冲突。②1992年工党上台，拉宾政府开始寻求与巴解组织之间的和平谈判。

起义有利于巴勒斯坦的国家形象建构。从世界范围内看，这次起义通过国际媒体塑造以色列和巴勒斯坦形象，即"压迫者——被压迫者"。巴勒斯坦作为弱者受到了国际社会的广泛同情和支持，国际形象大大改善，巴勒斯坦人的民族自信心也大为增强。

❧ 三、巴勒斯坦宣布建国

1988年10月26日，黎巴嫩《国土报》刊登了《巴解组织关于建立独立国家的文件》，其中包括计划、目标、"可能的预料"三个部分。计划中表示，依据第181号决议划分的土地范围建立首都为耶路撒冷的巴勒斯坦独立国，由巴解执委会主席亚西尔·阿拉法特领导，巴勒斯坦全国委员会为新国家的议会，建立临时行政机构处理教育、

---

①　这也造成巴解组织内部的分裂，如"人阵"等派别起初并不接受两国方案。

②　起义导致以色列内部两大阵营之间的分歧扩大。工党主张政治解决冲突，右翼政党主张扩建犹太人定居点、驱逐巴勒斯坦人、增强国防军实力等更为严厉的政策，这种分歧一直延续至今。

卫生、司法、工农商业、新闻等事务，巴解在国外的代表机构将被确立为巴勒斯坦新国家的代表机构；目标方面，寻求从以石块作武器的阶段过渡到政治主动行动阶段；"可能的预料"方面，对普及人民委员会、关于以色列的立场、与以色列谈判、新巴勒斯坦国的制度建设等做出了相关规定。

1988年11月15日，巴勒斯坦国《独立宣言》正式发表，全国委员会宣布"在我们的巴勒斯坦土地上建立一个巴勒斯坦国，它的首都为光荣的耶路撒冷"。总结起来，《独立宣言》包含以下几个核心要点：

第一，阿拉伯巴勒斯坦人民是自由、独立的人民，是巴勒斯坦土地上的创造者，其具有当然的、历史的、合乎法律的追求主权和民族独立的权利；

第二，以色列军队对联合国宪章、决议、巴勒斯坦人民民族权力的蹂躏，并没有割断巴勒斯坦人民同这片土地的联系，巴勒斯坦人民拥有返回家园的牢固信念；

第三，得到国际社会承认的、巴勒斯坦人民合法的且唯一的代表巴勒斯坦解放组织将继续领导巴勒斯坦人民的战斗，巴勒斯坦民族解放运动反映了阿拉伯的觉醒和世界的觉醒；

第四，建立的巴勒斯坦国属于所有的巴勒斯坦人，人民拥有言论、宗教、组织政党的自由，享有发展民族和文化特性、完全平等的权利，将建立民主的议会制度，颁布保证法律至上、司法独立的宪法；

第五，巴勒斯坦国是一个阿拉伯国家，是阿拉伯民族不可分割的一部分，其将恪守阿拉伯国家联盟宪章，坚持加强阿拉伯联合行动，也要求阿拉伯国家一道努力，结束以色列的占领，完成巴勒斯坦国实际诞生的过程；

第六，巴勒斯坦国恪守联合国的原则和宗旨，恪守世界人权宣言，恪守不结盟的原则和政策，将根据联合国宪章和决议，通过和平途径解决国际和地区问题。[①]

1988年12月7日，瑞典首相卡尔松和外交大臣安德松主持、巴解组织领导人阿拉法特和美国犹太人士出席的记者招待会上，发表联合

---

① 尹崇敬：《中东问题100年》，北京：新华出版社1999年版，第122-127页.

声明称，巴解组织"接受以色列作为一个国家在中东存在"，愿意在联合国的监督下，以第242号和第338号决议以及巴勒斯坦人民的自决权为基础，召开国际会议，进行和平谈判，全面解决巴勒斯坦问题。

在巴勒斯坦国宣布成立后的两年，全世界共有103个国家正式宣布承认巴勒斯坦国，包括沙特、阿尔及利亚、伊拉克、摩洛哥等阿盟成员国，中国、印度、马来西亚、朝鲜、阿富汗、土耳其等亚洲国家，马里、塞内加尔、赞比亚等非洲国家，苏联、民主德国、南斯拉夫等欧洲国家，以及古巴、尼加拉瓜等拉丁美洲国家。

第七节　巴以和平进程的曲折迂回

❖ 一、马德里和会

1973年第四次中东战争之后，整个七八十年代各方都在不同论坛为联合国第242号和第338号决议的基础上实现中东全面和平不断努力。与此同时，冷战结束与海湾战争等全球性和地区性变化对中东局势都产生了重要影响。

1991年10月，在美苏两国共同的主持下，中东和会在西班牙首都马德里召开。这是阿拉伯国家与以色列对峙43年以来的第一次同桌谈判，试图解决巴以冲突。这次会议构筑了中东和谈的"马德里框架"，即确立了以"土地换和平"的基本原则，以及和谈分成双边会谈和多边会谈两个层次。

其中双边谈判是阿以冲突双方就双边问题进行的直接谈判，是解决阿以冲突的基础和关键，也是中东和谈中最重要的部分。1991年11月至1993年8月，总共进行了11轮双边谈判。其中巴以谈判主要围绕未来巴勒斯坦自治政府的组成及权力范围等问题；黎以谈判集中在以色列从黎巴嫩南部撤军的问题；叙以谈判的焦点在于以色列归还占领的戈兰高地的问题。双边谈判时断时续，1996年3月初，因以境内发生多起自杀性爆炸事件，叙以和谈中止；约以谈判集中讨论共同管理亚尔穆克河水资源、联合修建水电站及能源合作等问题，于1994年签署了结束战争状态的《华盛顿宣言》和平条约，实现了双边关系正常化。

1992年1月，中东和会多边会谈在莫斯科举行。会谈就军控与安全、水资源利用、难民安置、经济合作、环境保护分成5个相应的小组进行讨论，协商在何时、何地以及如何就这些问题举行多边谈判。但自1996年以后，由于巴以和叙以和谈中止，多边会谈也一直未能举行。直到2000年，在俄罗斯和美国的共同倡议下，中东问题多边会谈部长级会议再次在莫斯科召开。

1991年的马德里和会拉开了巴以和平进程的序幕，但到1993年年中，谈判在若干政治和安全问题上仍然停滞不前。中东和平之路还极为艰难，要解决实质性问题仍需双方做出很大努力，互相做出让步。

🌿 二、奥斯陆和平进程

（一）《关于临时自治安排的原则声明》

以色列总理伊扎克·拉宾上台后，通过了一系列松动与巴解组织接触的法令，在领土问题上采取较为灵活的政策，这为巴以和谈扫除了障碍。1993年9月，以色列总理拉宾与巴解执委会主席阿拉法特在华盛顿签署了《临时自治安排原则宣言》，即《奥斯陆和平协议》。该协议规定，在加沙和杰里科先行自治；建立经选举产生的巴勒斯坦自治机构等。这一历史性协定为巴勒斯坦人民在加沙地带和西岸实现自治开辟了道路，它标志着一个通过谈判解决永久地位问题的进程的开始。1994年5月，巴以在开罗签署《关于实施加沙－杰里科自治执行协议》（《开罗协议》），巴勒斯坦正式在加沙和杰里科实行自治。

（二）巴勒斯坦民族权力机构建立

1994年7月，阿拉法特返回巴勒斯坦，在加沙和约旦河西岸杰里科地区建立巴勒斯坦民族权力机构（Palestinian National Authority，简称PNA），此后达成的若干协定使更多地区归属巴勒斯坦民族权力机构管辖。1996年1月20日，根据巴以关于扩大巴勒斯坦在约旦河西岸自治协议的安排，巴勒斯坦举行了历史上的首次大选。大选以多数制的方式选举产生了巴勒斯坦民族权力机构主席和立法委员会，阿拉法特当选首任民族权力机构主席。同年2月12日，阿拉法特正式宣誓就职，其自治政府也于5月完成组阁。联合国安理会将此次选举称为

"中东和平过程中迈出的重大一步"。

（三）《以色列-巴勒斯坦关于西岸和加沙地带的临时协定》

1995年9月，巴以双方签署了历史性的《以色列-巴勒斯坦关于西岸和加沙地带的临时协定》，即《奥斯陆第二项协定》或《塔巴协议》，取代了1993年的《关于临时自治安排的原则声明》。《塔巴协议》规定了解散以色列行政公署，撤销以色列军政府，确立了以军分阶段撤出西岸地区的时间表，并将西岸分成A、B、C三个区域，每个区域都由以色列和巴勒斯坦不同程度地各司其职，即A区域为城市地区，完全由巴勒斯坦民族权力机构管理，行使包括民事和内部安全在内的行政权和司法权，无以色列定居点；B区域为农村地区，由以色列和巴勒斯坦联合管理，巴勒斯坦民族权力机构只享有民事权力，巴勒斯坦民事警察部队负责维持公共秩序，以色列承担保护以色列公民与遏制恐怖活动的责任；C区域主要包括以色列定居点、军事设施区和开放区域等。该区域由以色列负责维护安全与公共秩序等主要责任，巴勒斯坦民族权力机构只为当地的巴勒斯坦人提供教育和医疗等服务。

（四）《沙姆沙伊赫备忘录》

20世纪90年代中期至末期，和平谈判停滞不前。主要是由于1996年以色列大选后，强硬派内塔尼亚胡上台，他一改"土地换和平"的原则，提出"以安全换和平"，《塔巴协议》的规定难以彻底付诸实践，巴以最终地位谈判搁浅。1997年初，巴以签署《希伯伦协议》。1999年，巴拉克当选以色列总统，巴以双方正式签署了就执行巴以临时和平协议问题达成的《沙姆沙伊赫备忘录》，双方同意开启最终地位的谈判，并于2000年2月15日前就耶路撒冷地位等问题达成框架协议，9月13日前达成最终协议。由于以方蓄意拖延，协议条款没有得到很好的执行。

定居点建设和持续暴力也给谈判造成巨大阻力，随后2000年开始的阿克萨起义又使巴以和平进程再度陷入完全停滞的状态。

三、2000—2005年阿克萨起义（al-Aqsa Intifada）

阿克萨起义又称作第二次巴勒斯坦人大起义，始于2000年，与

1987年第一次因提法达的起义目标相似，都是为了反对以色列的占领，并争取建立拥有主权的独立国家。尽管普遍认定起义结束于2005年7月，但其行动和影响一直延续至今。

（一）起义之因

1993年《奥斯陆和平协议》签署之后，巴以关系并未走上平稳发展的和平之路。1994年，以色列在希伯伦的易卜拉欣清真寺杀害了29名巴勒斯坦人。作为回应，哈马斯加强了对以色列平民的军事行动。1996年，位于耶路撒冷的哈斯蒙尼通道开通后（Hashmonaim Tunnel），巴勒斯坦爆发"九月起义"（September Riots），致使85名巴勒斯坦人和16名以色列人死亡，1 200名巴勒斯坦人和85名以色列人受伤。在此之后，巴以双方之间的冲突时有发生。

巴勒斯坦人寄希望于《奥斯陆和平协议》能够结束以色列的占领、确立巴勒斯坦国的地位、赋予巴勒斯坦人和平稳定的生活以及更多的自由，但是期待与现实形成强烈反差，犹太人定居点仍在扩建，巴勒斯坦人的生存空间逐渐缩小，处境不断恶化。2000年7月，戴维营会谈无果而终，这加强了巴勒斯坦人通过起义来争取自身权利的决心，阿拉法特等领导人也认为起义能提升巴勒斯坦在谈判中的地位。

（二）起义始末

2000年9月28日，时任利库德集团领导人沙龙不顾巴勒斯坦人的激烈反对，强行访问耶路撒冷的圣殿山。圣殿山同为犹太教和伊斯兰教的圣地，沙龙的访问意在强调以色列人对耶路撒冷的主权要求，巴勒斯坦人认为这是对宗教圣地和民族权力的严重挑衅。

与第一次因提法达中采取非暴力不服从的抵抗策略不同，这次起义主要是武力对抗武力。2000年9月至2005年12月，巴方在购物中心、露天市场、足球场、游泳池、酒店、咖啡馆等不同地方共引爆56枚自杀式袭击炸弹，其中34枚由哈马斯、伊斯兰圣战组织等其他武装抵抗组织实施，14枚由法塔赫实施，8枚由其他下属组织实施。此外，还投掷了21枚非自杀式炸弹，31枚手榴弹、火箭弹、迫击炮弹等。①以色列作为反击，使用坦克、导弹、F-16战斗机，以"压倒性的军事力量"摧毁巴勒斯坦难民营、警察局、商业和公共设施。除此之外，以色列还辅之以一系列协调行动，如扩建定居点，侵占土地；修建隔离墙，使巴勒斯坦土地碎片化；严格控制内部边界（巴勒斯坦农村和城市之间）、外部边界（埃及和约旦之间），阻碍和隔断人员之间旅行、教育文化交流、商业贸易等。

起义造成4 700余名巴勒斯坦人和1 000多名以色列人死亡，其中有500多名巴勒斯坦人或因怀疑涉嫌与以色列合作或由于派系斗争和绑架等被杀害。2004年年底，在以色列"定点清除"政策的打击下，哈马斯创始人、精神领袖亚辛身亡，致使该组织领导和协调能力大为削弱。阿拉法特也于当年11月去世，继任者阿巴斯在起义之初就反对武力抵抗。同时，法塔赫和哈马斯的关系走向对抗状态。在以色列方面，其修建隔离墙的做法，有效地阻止了巴勒斯坦人越墙发动武装袭击，以及从占领多年的加沙地带单边撤离、拆除的犹太人定居点和军事设施等举措，使起义渐趋于平息。

2005年2月，埃及、约旦、以色列、巴勒斯坦在沙姆沙伊赫举行的中东四方峰会上，巴勒斯坦民族权力机构主席阿巴斯宣布结束暴力行动，沙龙同意释放900名被逮捕的巴勒斯坦人，并从约旦河西岸的城镇中撤退。这是官方宣布起义正式结束，但零星的反抗活动仍在巴勒斯坦的土地上持续。

❖ 四、中东和平"路线图"

2002年，美国总统布什提出了一个中东和平计划，随后联合国、欧盟、美国和俄罗斯中东问题四方会谈代表在此基础上进行磋商，最终形成了以强调"先建国、后谈最终地位"为主要特征的中东和平"路线图"计划（Roadmap Peace Plan），并于12月在华盛顿会议上正式通过。2003年，巴以双方在亚喀巴首脑会议上也做出了执行"路线图"的坚定承诺，标志着和平"路线图"的正式启动。中东和平"路线图"计划主要划分为三个阶段：

---

① Rami Nasrallah, "The First and Second Palestinian Intifadas", in Joel Peters and David Newman: eds., *The Routledge Handbook on the Israeli-Palestinian Conflict*, New York: Routledge, 2013, p.64.

第一阶段（2002年12月—2003年5月）：巴以双方实现停火；巴方将积极打击恐怖活动，进行全面的政治改革，建立新的政治体制，并在安全问题上与以方合作；以方应撤离2000年9月28日以后占领的巴方领土，停止犹太人定居点的建设，拆除2001年3月以后建立的定居点，并采取一切必要措施使巴勒斯坦人民的生活恢复正常。

第二阶段（2003年6—12月）：以方最大限度地撤出巴勒斯坦被占领土；于2003年年底，建立一个有临时边界和主权象征的巴勒斯坦国；巴方出台第一部《宪法》；中东"四方机制"推动国际社会和联合国承认巴勒斯坦国。

第三阶段（2004—2005）：2005年巴以双方就最终地位进行谈判，内容包括耶路撒冷地位、难民、边界、犹太人定居点等问题，并达成协议，确保届时最终建立巴勒斯坦国。

为落实中东和平"路线图"计划，巴以首脑曾多次举行会晤。但由于以色列坚持其强硬政策、实施单边行动计划，导致巴以冲突再起，和平努力再次受挫。2003年9月，巴以和谈中断，"路线图"计划被搁浅。

第八节　加沙冲突

❧ 一、2006—2008年三次军事行动

2005年9月，以色列根据单边行动计划完成撤军，结束了对加沙地带长达38年的占领。自此之后，以色列国防军以打击巴勒斯坦武装人员对以南部发射火箭弹袭击为由，多次进入加沙地带开展军事行动，其中主要包括"夏雨""秋云"和"热冬"三次行动。

（一）"夏雨"行动（Operation Summer Rains）

2006年6月28日，以色列以营救被俘士兵吉拉德·沙利特（Gilad Shalit）为由开始实施"夏雨"行动，这是以色列撤军后首次向加沙地带发起的地面进攻。这并非一场单纯的营救行动，以色列的深层意图是借此消除巴武装人员对其南部的威胁，改变安全态势，并打击和削弱哈马斯主导的巴勒斯坦自治政府。

以色列国防军首先空袭巴勒斯坦自治政府的总理府和内政部，29日在约旦河西岸逮捕了64名哈马斯官员，其中包括多名巴勒斯坦权力机构内阁部长和立法委员会成员。30日，以军又开始轰炸加沙地带法塔赫和哈马斯的办公室及多处道路，7月2日对巴自治政府总理、哈马斯领导人哈尼亚的办公室实施轰炸。这表明，以色列营救沙利特的行动实际上已演变为一场针对哈马斯政府的全面军事行动。6日，以色列国防部戈兰旅（Golani Brigade）重新占领加沙地带北部的杜吉特（Dugit）、阿勒西奈（Elei Sinai）和尼萨尼特（Nisanit）3个定居点。

"夏雨"行动造成402名巴勒斯坦人死亡、约1 000人受伤，以方死亡7人、80人受伤。加沙地带的道路、桥梁、电厂等一些至关重要的基础设施在空袭行动中被摧毁，造成交通瘫痪、食品短缺、饮水困难、电力中断等一系列问题，严重影响了加沙居民的生活。

（二）"秋云"行动（Operation Autumn Clouds）

2006年11月1日，为阻止巴勒斯坦火箭弹袭击以色列南部，以军地面部队在直升机的掩护下向加沙北部的拜特汉诺镇发动了大规模军事行动，与巴武装人员发生激烈交火。7日，以军撤退，结束为期6天的军事行动。此次行动造成82名巴勒斯坦人死亡、260余人受伤，以方1名士兵死亡、3名平民受伤。

8日清晨，以色列军队坦克再次向拜特汉诺镇发射多枚炮弹，造成约20名平民死亡（基本都为妇女和儿童）、40余人受伤，酿成了"拜特汉诺镇血案"。袭击过后，巴勒斯坦民族权力机构主席阿巴斯严厉谴责以方行动，哈马斯和伊斯兰圣战组织号召成员向以发动自杀式袭击，数千名巴勒斯坦民众走上街头举行抗议活动。随后以方道歉，声称原定目标是袭击附近的一个火箭发射点，但因技术问题造成误伤。26日，巴以双方签订停火协议，巴勒斯坦停止发射火箭弹之后以色列完成撤军。

（三）"热冬"行动（Operation Hot Winter）

2008年2月27日，巴勒斯坦武装组织向以色列南部发射40枚卡萨姆火箭弹，以色列向加沙巴勒斯坦内政部发射3枚导弹作为回应。次日，以色列炸毁哈尼亚住所附近的一个警察局，造成多名儿童死亡。29日，以色列陆空并举，向加沙地带发动了"热冬"行动。3月3日，以色列军队撤出加沙地带。以方3人死亡、8人受伤，巴方112人死亡、350人受伤。

❧ 二、2008—2009年加沙"跨年之战"

2008年6月19日，在埃及的调停下，以色列和哈马斯等武装抵抗组织达成为期6个月的停火协议正式生效。停火协议签订的最初5个月内，哈马斯向以色列发射的火箭弹与之前相比迅速减少了98%，但以色列并未完全按照协议规定开放边境口岸，解除对加沙地带的封锁。运输进加沙的食物、水、药品、燃料等物资仅仅是正常水平的20%，[①]这导致哈马斯不愿意延长停火协议的期限。

11月4日，以色列向加沙地带发动袭击，摧毁了哈马斯的一个防守通道，这实际上已经违背了停火协议。12月19—26日，停火协议到期后，哈马斯便向以色列南部发射200余枚火箭弹和迫击炮弹，[②]这致使以色列民调中主张进攻加沙地带的人数比例迅速增加。迫于内部压力，以色列内阁批准采取军事行动的举措，实际上出兵加沙地带更是以色列内部各政治势力在选举前角力的最终结果。

12月27日，以色列国防军以哈马斯不愿意延长停火协议的期限、袭击以色列领土为由，公开执行代号为"铸铅行动"（Operation Cast Lead）的空袭，第一阶段的目标包括哈马斯总部、政府大楼、指挥和控制中心、人员训练基地、警察局、弹药库、火箭弹发射设施和运输通道等多个地点，哈马斯高级领导人尼扎尔·拉扬和数百名武装人员在此次行动中遭空袭身亡。为报复以色列的军事打击，哈马斯向以色列境内发射大量火箭弹和迫击炮弹以示还击，同时以色列北部也遭到来自黎巴嫩方向发射的火箭弹袭击。

空袭持续一周后，2009年1月3日，以色列坦克和部队开进加沙北部和东部，空袭演变为陆空并举的态势，随即拉开了第二阶段军事攻势的序幕。8日，联合国安理会通过1860号决议，呼吁冲突双方立

---

① Jimmy Carter, "An Unnecessary War", *The Washington Post*, 8 January 2009, http://www.washingtonpost.com/wp-dyn/content/article/2009/01/07/AR 2009010702645.html，登录日期：2016年12月23日。

② 在此期间，哈马斯曾表示，如果以色列放弃进攻行动并开放边境通道，它将继续遵守停战协定，但无果而终。

即停火，但未得到以色列和哈马斯的回应。18 日，随着以色列既定目标的实现和国际社会的积极调停，以方在加沙地带实施单边停火。随后哈马斯也确认停火，并要求以色列在一周之内从加沙地带撤军，持续 22 天的加沙战火终暂告一段落。

此次军事行动给双方造成大量的人员伤亡和经济损失。巴勒斯坦死亡人数达 1 419 人（包括 1 167 名平民），受伤人数达 5 000 余人。[①]以色列死亡人数 13 人（包括 3 名平民），伤者 518 人。加沙地带的 3 540 所房子被完全摧毁，2 万余人沦为难民，电力设施损失共计 1 000 万美元。268 家私营企业完全被摧毁，432 家企业遭到严重破坏，损失超过 1.39 亿美元。[②]清真寺、医院、学校、无线电台也都不同程度地遭到破坏。

三、2012 年加沙"八日之战"

2008—2009 年的加沙"跨年之战"使哈马斯遭受重创，之后一段时间里加沙局势相对平静。但以色列对加沙的封锁更为严厉，哈马斯政权陷入困境，一直致力于从事打破加沙封锁的行动。2010 年底发生西亚、北非局势大动荡，尤其是埃及发生政权更迭之后，很快开放了拉法口岸，哈马斯通过地下通道等途径源源不断地获得武器弹药。

2012 年下半年，哈马斯不断向以色境内发动火箭弹袭击，甚至将火箭弹打到特拉维夫和耶路撒冷两大城市，以色列随即采取报复行动。11 月 14 日，以军对加沙地带发动代号为"防务之柱"（Operation Pillar of Defense）的军事打击，开展密集的轰炸行动，双方爆发严重冲突，巴方参战的有哈马斯卡萨姆旅等武装抵抗组织。战争总共持续 8 天，以方 6 人死亡、239 人受伤，巴勒斯坦死亡人数达 171 名、伤亡人数 1 000 余名。据梅赞人权中心（Al Mezan Center for Human Rights）

---

① 数据来源于巴勒斯坦人权中心（Palestinian Centre for Human Rights）。据以色列人权信息中心"比特色莱姆"（B' Tselem）的报道，此次行动造成约 1 385 名巴勒斯坦人死亡，其中包括 762 名平民和 318 名 18 岁以下人员。

② United Nations, "Locked in: The Humanitarian Impact of Two Years of Blockade on the Gaza Strip", Office for the Coordination of Humanitarian Affairs occupied Palestinian territory, August 2009, pp.3,6.

报道，此次行动中以色列摧毁和损坏加沙地带 2 174 间房屋，259 个公共和私人机构，其中包括 26 个非政府组织场所、97 所学校、15 个医疗机构和 14 个通信基地等。[①]哈马斯军事领导人艾哈迈德·贾巴里（Ahmed al-Jabari）被"定点清除"，包括军事、办公地点在内的多处设施被炸毁，95% 的远程火箭弹遭到摧毁。

　　11 月 21 日，在埃及和美国的斡旋之下，以色列和哈马斯双方签订停火协议。协议规定哈马斯立即停止向以色列境内发射火箭弹，以方停止对哈马斯的越境打击和"定点清除"等行动、放宽对加沙地带物资和人员的封锁。这次大规模的军事行动大大提升了哈马斯的威望，对地区形势产生了深远影响，也使巴以和平进程更为艰难。

❀ 四、2014 年加沙战事

　　2013 年，以色列和哈马斯多次违反停火协议，发动袭击造成对方人员伤亡。2014 年，哈马斯绑架和杀害了 3 名以色列青少年，以色列国防军指挥"兄弟护卫者行动"（Operation Brother's Keeper）逮捕其激进领导人，哈马斯随之发射火箭弹和迫击炮弹作为回应，持续 7 周的加沙战事正式爆发。这是继 2012 年加沙"八日之战"后，以色列和哈马斯之间爆发的又一次大规模军事流血冲突。

　　战争分为"空袭阶段—地面攻势阶段—以色列撤军—接受停火协定"四个阶段。6 月 24—30 日，哈马斯火箭弹袭击以色列南部，以方每日空袭加沙地带，造成至少 5 人死亡。7 月 8 日，以色列国防军向加沙地带发起代号为"护刃行动"（Operation Protective Edge）的军事打击。13 日，以军派遣特种部队进入加沙地带突袭一个火箭发射基地，发起地面攻势。15 日，哈马斯拒绝埃及提出的停火计划。8 月 1 日，以色列接受 72 小时停火协议，但保持防御性作战。8 月 3 日，在摧毁哈马斯等其他武装抵抗组织建立的 32 个运输通道之后，以色列撤出了大部分地面部队。8 月 26 日，以色列和哈马斯正式接受停火协定。

　　这次战事造成大量的人员伤亡，64 名以色列士兵死亡，469 名士

---

①　Al Mezan Center for Human Rights, "Persons Killed and Property Damaged in the Gaza Strip by the Israeli Occupation Forces during 'Operation Pillar of Cloud'（14-21 November 2012）", 2013, https://www.mezan.org/en/uploads/files/17207, pdf, 登录日期：2016 年 12 月 24 日。

兵受伤。包括1 462名平民在内的2 251名巴勒斯坦人在冲突中丧生，1.12万名巴勒斯坦人受伤，其中10%的人终身残疾。[①]这是自1967年"六·五"战争以来，平民死亡人数最多的一年。此外，203座清真寺遭遇空袭，公元7世纪所建的加沙地带最古老、最大的奥马里清真寺（Omari mosque）遭到严重破坏。20%～25%的房屋遭受损坏，拜特汉诺镇70%的房屋无法居住。37.3万名儿童需要心理治疗，48.5万人需要紧急食物援助。电力、电视台、工厂、农产、供水和卫生系统都遭受严重破坏。

此次战争中国际社会的态度也不尽相同。美国虽以积极的姿态进行调停和斡旋，但其仍向以色列提供财政、军事、政治上的强有力支持。8月1日，美国众议院通过了一项紧急援助法案，同意向以色列"铁穹"火箭弹拦截系统增加2.25亿美元的资金援助。欧盟谴责双方违反战争法，呼吁巴以实现停火，要求基于"两国方案"解决冲突，但坚决支持以色列自卫的权利。加拿大采取支持以色列、批评哈马斯的态度。伊朗和卡塔尔在武器、财政方面给予哈马斯一定的支持。金砖国家要求双方克制，提出应基于阿拉伯和平倡议重新开启和谈。不结盟运动、阿拉伯国家联盟的成员和拉丁美洲的部分国家纷纷召回本国驻以色列大使，以示抗议。

第九节　难有突破的和平斡旋进程

2010年底"阿拉伯之春"引发中东国家接连发生政治动荡，以及"伊斯兰国"极端势力的崛起，致使巴以问题暂时被搁置和边缘化。以色列坚持在巴勒斯坦被占领土上修建和扩大犹太人定居点，也导致巴以和谈陷入僵局。

2013年8月，在美国的强力斡旋下，停滞3年多的巴以新一轮和谈在耶路撒冷重新启动。虽各方都竭力促进双方和解，但巴以和谈仍于2014年4月中断，一直延续至今。2016年5月，埃及总统塞西提出

---

① United Nations, "Human Rights Situation in Palestine and Other Occupied Arab Territories", Human Rights Council, A/HRC/29/CRP.4, June 2015, pp.153-154. 注：哈马斯和以色列提供的数据略有不同。

重启巴以和平进程、构建埃以"暖和平"的倡议。6月3日,法国召开了旨在重启巴以和谈进程的国际大会。6月13日,约旦外交大臣呼吁巴以重启"认真有效"的谈判。

2016年7月1日,由美国、俄罗斯、欧盟和联合国为代表的中东四方就中东局势发布了一份报告,其中重点强调建立独立的巴勒斯坦国和"两国方案"所面临的重大威胁,提出努力缓和巴以双方紧张局势、加强巴方能力建设以避免暴力、停止建设和扩张以色列定居点等维护和推动巴以和谈的十点建议。中东四方发表联合声明,呼吁巴以双方积极采纳报告建议,为化解所有最终地位问题和恢复实质性谈判创造条件。

12月23日,联合国安理会以14票赞成、美国1票弃权的表决结果通过了"第2334号决议",要求以色列"立即和完全停止在包括东耶路撒冷在内的所有巴勒斯坦被占领领土上的一切定居点活动",这是安理会自1979年后首次通过有关定居点的决议。以色列总理内塔尼亚胡对此强硬回应,宣布拒绝接受安理会决议,并下令外交部暂停与联合国安理会中12个国家的工作关系。

2017年1月15日,由法国倡议的旨在讨论巴以问题的巴黎国际和平会议正式召开,约70个国家和国际组织的代表参加,但巴勒斯坦和以色列都没有派代表出席会议。会后发表公报称,国际社会绝不会承认威胁和破坏谈判的任何单边行动,应采取紧急措施,扭转不利于解决巴以冲突的趋势;再次重申"两国方案"的重要性,即巴勒斯坦和以色列通过直接对话磋商,在和平、安全的条件下共生发展是解决问题的唯一途径;国际社会各方将为解决耶路撒冷问题、边界问题、难民和安全问题等采取具体措施,包括建立欧洲特别合作伙伴关系,为解决巴以问题提供更多的政策和经济支持。

5月22日,美国总统特朗普开启了对以色列和巴勒斯坦为期两天的访问,这是美国在巴以之间寻求平衡的表现。23日,巴勒斯坦总统阿巴斯与特朗普在伯利恒的总统府会面。特朗普政府对巴以问题的积极态度得到了巴勒斯坦和以色列的认可,让巴以问题重新获得地区关注,创造了谈判契机。但其未提出任何建设性意见,因而对推动巴以和谈进程的影响十分有限。

10月,阿巴斯领导的巴勒斯坦民族解放运动(简称"法塔赫")

与伊斯兰抵抗运动（简称"哈马斯"）在埃及开罗举行为期两天的谈判，最终签署协议，同意和解，结束自2007年以来长期分裂的局面。这一举动为下一步举行立法委员会选举、总统选举等重要的政治活动铺平了道路，也对于巴勒斯坦实现国家统一、争取民族独立、结束以色列占领等都具有重要意义。

2017年，美国总统特朗普宣布承认耶路撒冷为以色列首都，并将启动美驻以使馆从特拉维夫迁往耶路撒冷的进程，这一声明使世界的目光和舆论再次聚焦巴以冲突，这一宣告将自中东剧变以来逐渐被边缘化的巴勒斯坦问题重新拉回中东政治的中心。在动荡的地缘政治格局下，在分歧难以弥合的内部环境中，巴勒斯坦问题的解决仍然任重道远，依旧面临重重障碍。巴以双方在耶路撒冷、边界、定居点等核心问题上的分歧仍然难以达成共识。巴以问题作为中东长期存在的核心问题，其解决之路充满着艰巨性与复杂性。

第三章 政治

　　国家标志

　　国家标志又称国家象征，它不仅是主权国家在国际交往中被识别的标志，更是一个国家主权、独立和尊严的象征。国旗、国徽和国歌被视为一个主权国家最重要的三大象征物。国旗和国徽通过一定的样式、色彩和图案，来反映一个国家的政治特色、历史文化传统和意识形态等。国歌是表现一个国家民族精神的乐曲，是被政府和人民认为能代表该国家政府和人民意志的歌曲，是用来歌颂和鼓励本民族信心和凝聚力的篇章。首都和国庆日也属于国家标志的范畴。

一、国旗

　　1948年10月，"全巴勒斯坦政府"（All-Palestine Government）在加沙正式成立，"阿拉伯大起义"中启用的象征阿拉伯统一的国旗①被阿盟正式认可为巴勒斯坦的国旗。20世纪50年代，国旗稍做改动，即在白色横条处印上红色的"巴勒斯坦"。60年代，巴解组织成立后，更换了"阿拉伯大起义"国旗上白条和绿条的位置。1988年11月15日，巴勒斯坦宣布建国后，其正式被确立为巴勒斯坦国旗。2006年2月，国旗中的红色三角形被延伸到国旗长度的1/3处，即成为现在巴

---

　　① 当时的国旗由黑、绿、白三个横条和一个红色三角形组成，其中黑色代表先知、继承者和阿拔斯王朝，白色代表阿拉伯统治者，绿色代表先知的家庭，红色代表汉志的哈希姆王朝。

勒斯坦国旗的样式。

巴勒斯坦国旗呈长方形，长宽之比为2：1，由四种泛阿拉伯色组成。旗面右侧自上而下分别为黑、白、绿三色等宽横条，左侧1/3处嵌有一个红色等腰三角形。巴勒斯坦国旗与约旦国旗很相近，唯一不同的是，约旦国旗在红色三角处多一个象征《古兰经》的白色七角星。对于巴勒斯坦国旗的含义，一种解释认为红色象征革命，黑色象征勇敢和顽强，白色象征革命的纯洁性，绿色象征对伊斯兰教的信仰；另一种解释认为红色代表本土，黑色代表非洲，白色象征西亚的伊斯兰世界，绿色象征地势平坦的欧洲，红色与其他三色相连接，标志着巴勒斯坦地理位置的特征及其重要性。

1974年11月，巴勒斯坦成为联合国观察员实体，之后曾多次努力寻求在联合国中提升地位。2012年11月29日，联合国大会通过决议，决定将巴勒斯坦从联合国观察员实体升格为观察员国。2015年9月10日，联大以119票赞成、8票反对和45票弃权通过决议，允许联合国观察员国在联合国总部和各办事处升起国旗。9月30日，巴勒斯坦国旗第一次飘扬在纽约联合国总部。巴勒斯坦国总统马哈茂德·阿巴斯在发言中讲到，这是巴勒斯坦独立道路上的"历史性时刻"。巴总统府秘书长拉希姆说，联合国升旗并非只具备象征意义，它是让"巴勒斯坦重新回到政治舞台的重要一步"。此后，每年的9月30日也成为巴勒斯坦国旗日。

❖ 二、国徽

巴勒斯坦国徽取材类似巴勒斯坦民族权力机构的徽章，又与周边阿拉伯国家伊拉克、埃及的国徽图案很相似，尚为非正式国徽。

巴勒斯坦国徽的核心是用金黄色与黑色组成的萨拉丁鹰，象征崇高、勇敢和强悍，也表示了对伊斯兰教信仰的忠诚。雄鹰胸前镶嵌的盾牌正是竖挂的由红、黑、白、绿四色组成的巴勒斯坦国旗。鹰爪抓住底座弯匾，匾额上用巴勒斯坦国的官方语言阿拉伯语库法体书写着其国名"巴勒斯坦"。

❀ 三、国歌

巴勒斯坦的国歌名为《自由战士》（Fida'i）。Fida'i一词最初源于波斯语，意为"牺牲"或"牺牲自己所有的东西（爱情、部落、宗教等）"，其有"献身者"（sacrifice）、"自由战士"（freedom fighter）或"革命者"（revolutionary）等多种翻译，大多数巴勒斯坦人将其视作"自由战士"之意。国歌作词者是巴勒斯坦诗人萨义德·穆扎因（Said Al Muzayin）（又称为 Fata Al Thawra，1935—1991），作曲者是埃及音乐家阿里·伊斯梅尔（Ali Ismael）。歌词大意为：

自由战士，自由战士，自由战士
我的国家，我的土地，我祖辈的土地，
自由战士，自由战士，自由战士
我的人民，永恒的民族

倚仗我的决心、我的火和我怨恨的火山，
依仗着我血液中对我国土和我家乡的渴盼，
我已翻过群山，我已身经百战，
我已征服了不可征服的，我已穿越前线

依仗风的决心和武器的火焰，
和我民族的决心，在抗争的土地，
巴勒斯坦是我的家园，巴勒斯坦是我胜利的道路，
巴勒斯坦是我的家园，巴勒斯坦是我的火炬，
巴勒斯坦是我复仇的永恒土地

以我在旌旗下宣誓，
以我的国土，我的民族，伤痛的火，

我会以战士为生，我会一直做一名战士，
我会以战士的身份牺牲——直到我的国家回归

《自由战士》这首歌曲中夹杂了巴勒斯坦阿拉伯人的民族自豪感和民族奋进的元素，其巧妙就在于词曲中对民族团结只字不提，但处处流露出民族团结的感情，在这种感情基调中融入爱国等元素，使歌曲的效果更佳。

1996年巴勒斯坦国民大会上通过决议，依据1988年《巴勒斯坦独立宣言》第31条，使用巴勒斯坦民族权力机构1967年以来使用的《自由战士》作为巴勒斯坦国歌。1967年之前，加沙地带和约旦河西岸分别使用埃及和约旦的国歌。此外，1934—1967年，巴勒斯坦诗人易卜拉欣·图肯（Ibrahim Tuqan）所谱写《我的祖国》（Mawtini，现为伊拉克国歌）实际上是巴勒斯坦的国歌，现在其被视为"非官方的巴勒斯坦国歌"仍在许多巴勒斯坦人中间流行。

四、首都与国庆日

1988年11月15日，巴勒斯坦全国委员会第19次特别会议通过《独立宣言》，宣布"在我们的巴勒斯坦土地上建立一个巴勒斯坦国，它的首都为光荣的耶路撒冷"。目前巴勒斯坦总统府等政府主要部门均设在拉姆安拉。每年11月15日也被定为巴勒斯坦建国日。

第二节　法律

一、基本法

巴勒斯坦至今没有宪法。根据《奥斯陆和平协议》安排，1997年10月，巴勒斯坦立法委员会起草完成并批准基本法，作为巴勒斯坦民族权力机构的临时宪法，基本法是未来巴勒斯坦国制定永久宪法的雏形和基础，2002年获得阿拉法特主席的批准，适用于当前巴勒斯坦自治政府过渡时期。[①]

---

①　巴勒斯坦基本法网站，https://www.palestinianbasiclaw.org.

基本法规定了以自由市场原则、财产私有权、独立的解决争端办法以及法治为基础的制度。基本法规定，巴勒斯坦政治是以政治多元主义和多党制为基础的议会民主制，行政权授予民族权力机构主席及其任命的内阁；立法权授予巴勒斯坦立法委员会；司法独立。基本法规定，巴勒斯坦是阿拉伯世界的一部分，巴勒斯坦人属于阿拉伯民族。伊斯兰教是巴勒斯坦官方的宗教，阿拉伯语是官方语言。

民族权力机构由人民选举产生，政府对民族权力机构主席和立法委员会负责。巴勒斯坦基本法将民族权力机构主席一职定性为过渡性的职位，直至巴勒斯坦最终地位问题得到解决。根据基本法，民族权力机构主席的职权主要包括：任命总理；享有立法建议权和创制权，在30天内对立法委员会批准的法律具有否决权；签署法律；在特殊情况下颁布具有法律效力的命令；统领巴勒斯坦安全部队，掌管所有安全事务；拥有巴以和平谈判的最终决定权；宣布不超过30天的国家紧急状态法，超过30天则需要立法委员会批准。2005年8月的基本法修正案规定，民族权力机构主席每届任期4年，连任不得超过两届。这是基本法首次对民族权力机构主席的任期做出明确规定。根据基本法，如果民族权力机构主席发生不测或意外，立法委员会主席将自动代理民族权力机构主席之职，最长不超过60天，并负责新一届选举，产生新的民族权力机构主席。

除基本法外，总统的法令也具有法律效力。总统有权通过未按照既有经过法律程序通过的法律和规章。这一权力是由基本法赋予总统的。根据基本法，在特定的紧急情况下或巴勒斯坦立法委员会无法运转的情况下，总统也可以发布法令。如果这些法令在立法委员会第一次会议上没有通过，或者立法委员会决定不批准，那么这些法令将无效。

基本法进行过两次修订。2003年3月，巴勒斯坦立法委员会通过基本法修正案，增加关于总理职位及其权限的条文。修正案还规定，包括总理在内，内阁各部长必须经过巴勒斯坦立法委员会的批准才能任职；除总理外，部长总人数由最多19名增至24名。2005年对选举法进行了修订。

❧ 二、法律体系

巴勒斯坦法制受到大陆法系、普通法系与伊斯兰教法的共同影响，是一种混合型的多层法制体系，其中占主导地位的是受到欧洲大陆法系和英国普通法系交叉影响的世俗法律，伊斯兰教法则主要在涉及婚姻、家庭、传统习俗等个人生活的案件中发挥作用。目前，除自治当局颁布的法律外，还包括在约旦河西岸起作用的约旦法律、在加沙地带起作用的埃及法律、以色列军事法令、英国委任统治时期法令、伊斯兰教法、习惯法等，甚至还有部分奥斯曼帝国的法律。这些受不同传统影响的法律共存于巴勒斯坦，形成了相互冲突的多层法律制度体系。享有立法权和司法权的巴勒斯坦自治当局为建立统一法制体系做出了不懈努力，但距离成熟的法律体系还有相当的距离。

❁ 三、选举法

选举法是巴勒斯坦大选的指导方针，对选举人和候选人的资格、选举程序、竞选资金、竞选活动都做出了规定。巴勒斯坦第一次大选是根据1995年第13号法令颁布的选举法及其修正案进行的。这部选举法规定，在国际监督下，举行自由的直接选举，选出巴勒斯坦民族权力机构主席和立法委员会。选举法只适用于加沙地带及包括耶路撒冷在内的约旦河西岸地区巴勒斯坦居民。选举法规定，巴勒斯坦立法委员会委员自然成为巴勒斯坦全国委员会委员。立法委员会一经选出，首先要着手建立过渡时期政府的宪政制度。

约旦河西岸和加沙地带共分为16个选区，各选区按人口数量确定它在立法委员会中的比例，最少获得1个席位，各选区为基督教人士保留一定数量的席位，纳布卢斯选取出1个席位分配给撒马利亚人。选举法对"巴勒斯坦人"的含义做出了规定：（1）出生在巴勒斯坦，这里的"巴勒斯坦"是指英国委任统治时期的地理范围，或根据这一时期法律具有巴勒斯坦公民权的人。（2）出生在加沙地带或约旦河西岸，包括耶路撒冷。（3）无论出生在何处，有一个或一个以上满足条件（1）的直系祖先。（4）满足以上条件的巴勒斯坦人的配偶。（5）非以色列公民。选举法规定，巴勒斯坦民族权力机构主席自然成为立法委员会成员，但不得担任立法委员会主席。立法委员会主席由立法委员会委员选出。

2005年6月18日，巴勒斯坦立法委员会批准了新的选举修正案，对选举制度进行了较大修改。立法委员会席位由88席增至132席，通过比例制和多数制两种方式各选举产生66席。比例制选举是由约旦河西岸地区和加沙地带16个选区的选民在各派别和独立人士组建的竞选阵营中投票选择一个阵营，最终得票超过2%的阵营按比例分配66个席位。多数制选举由16个选区按人口多寡分配66个席位，选民直接投票选举本选区候选人，得票多者当选。

第三节　　政党

🌸 一、巴勒斯坦解放组织

巴勒斯坦解放组织（Palestine Liberation Organization，缩写PLO），简称为巴解组织。1964年第一届巴勒斯坦国民大会的召开，标志着巴解组织的正式建立。会议上通过的《巴勒斯坦国民宪章》是巴解组织的纲领性文件之一，也是巴解组织指导思想和方针的集中体现。巴勒斯坦全国委员会是巴解组织制定纲领、政策、议程和计划的最高权力机构，巴勒斯坦执行委员会是巴解组织的最高行政机构，其根据全国委员会制定的总纲领和政策行使巴解组织的所有职权。法塔赫是巴解组织中影响力最大的主流派，其与"人阵"、"民阵"和"闪电"等抵抗组织经过多次分化改组共同组成了松散的政治联盟。巴解组织自建立伊始，就积极开展外交活动，得到了阿拉伯各国政府的承认。1974年第7次阿拉伯首脑会议上，巴解组织被确认为"巴勒斯坦的唯一合法代表"。同年，巴解组织以观察员实体的身份进驻联合国，联合国大会确认只有巴解组织才能代表包括不同政治派别、联合会、流亡的巴勒斯坦难民等在内的所有巴勒斯坦人民。1993年《奥斯陆和平协议》签订后，以色列也正式承认巴解组织是巴勒斯坦人民的合法代表。

（一）初步建立

1948年第一次中东战争之后，巴勒斯坦人特别是在外留学的青年学生开始努力探索救国之路。1959年，亚西尔·阿拉法特（Yasser Arafat）在埃及开罗大学组织成立的秘密组织"法塔赫"和艾哈迈德·贾布里建立的"巴勒斯坦解放阵线"，其目标都是动员和组织巴勒斯坦人民进行反对以色列占领、收复家园、恢复民族权力的斗争。1964年1月，开罗召开的第一届阿拉伯国家首脑会议上，与会代表开始着手建立能够代表巴勒斯坦人民的组织。

1964年5月28日，有422名成员参加的第一届巴勒斯坦国民大会（后改称为巴勒斯坦全国委员会会议）在耶路撒冷召开。会议结束后，巴解组织于6月2日宣告成立，其目标是"通过领导巴勒斯坦人民的武装斗争获得巴勒斯坦的解放"。艾哈迈德·舒凯里（Ahmad Shuqeiri）担任巴解组织执行委员会主席，组建由舒凯里授权、15人构成的执行委员会，建立巴勒斯坦国民基金会为巴解组织开展活动筹备基金，耶路撒冷被认定为巴解组织总部的所在地。会议上一致通过的《巴勒斯坦国民宪章（草案）》和《巴勒斯坦解放组织章程》成为巴解组织的纲领性文件。巴解组织的成立标志着巴勒斯坦人民恢复民族权力的斗争迈向了一个有组织、有领导的新时期。

（二）指导思想

《巴勒斯坦国民宪章》（Palestine National Charter）是巴解组织的纲领性文件之一，也是巴解组织指导思想和方针的集中体现。

1963年受到纳赛尔泛阿拉伯主义的影响，舒凯里起草了《巴勒斯坦国民宪章》。1964年召开的第一届巴勒斯坦国民大会通过了该宪章的草案。1968年在开罗举行的第四届巴勒斯坦全国委员会会议上通过该宪章的修正案，《宪章》共有33条。与之前相比，更加强调独立的国家认同和巴解组织的先锋作用。《宪章》的核心观点是：犹太复国主义者以历史为借口驱逐大批巴勒斯坦原有的阿拉伯人并建立以色列国，倡导巴勒斯坦人民为进行民族斗争而实现团结，尽早返回他们的故土。其中对开展巴勒斯坦解放事业的目标、战略、原则、形式、口号等做了明确规定，这表现在以下条文之中：

第二条：巴勒斯坦按其在英国委任统治时期所具有的边界，是一个不可分割的领土单位。

第三条：巴勒斯坦的阿拉伯人民对他们的家园具有合法的权利，有权在实现他们国家的解放后按照他们的愿望完全自主自愿地决定他们的命运。

第九条：武装斗争是解放巴勒斯坦的唯一途径。因此，武装斗争是总战略，而不仅仅是一种战术。巴勒斯坦的阿拉伯人民强调继续开展武装斗争，努力进行一场争取解放祖国和重返家园的武装革命。

第十条：突击队行动是巴勒斯坦人民解放战争的核心。

第十一条：巴勒斯坦人的座右铭是：民族团结、民族动员和民族解放。

第二十条：《贝尔福宣言》和对巴勒斯坦的委任统治，以及以此为基础的一切都是无效的。犹太人所声称的同巴勒斯坦的历史的和宗教的联系是同历史事实和构成国家地位的真正概念不相容的。犹太教只是一种宗教，而不是一个独立的民族。犹太人没有形成一个具有自己特性的单一民族，他们是所在国家的公民。

第二十七条：巴勒斯坦解放组织将尽其所能同所有的阿拉伯国家合作；将根据解放战争的要求在他们中间采取中立政策；它不干涉任何阿拉伯国家的内部事务。[①]

1993年《奥斯陆和平协议》签订后，谈判和协商成为巴解组织对以色列的主要政策。1996年4月，巴勒斯坦全国委员会第21次会议以504∶54的绝对多数赞成票通过了修订宪章的决议，大部分不承认以色列存在的条文被取消或废除。

与更具宗教倾向性的哈马斯不同，《巴勒斯坦国民宪章》没有规定巴勒斯坦的伊斯兰属性，这表明巴解组织旨在寻求建立一个世俗和民主的国家。阿拉法特时期，法塔赫主导的巴勒斯坦权力机构采纳2003年修订的《基本法》，其中规定伊斯兰教是巴勒斯坦唯一的官方宗教，伊斯兰法是国家立法的渊源。

（三）组织机构

1. **巴勒斯坦全国委员会**（Palestine National Council）

巴勒斯坦全国委员会是巴解组织制定纲领、政策、议程和计划的最高权力机构，负责选举巴解组织中央委员会和常设领导机构。全国委员会在约旦安曼设有主席办公室，在拉姆安拉、加沙设有分局。委员会主席团包括1名主席、2名副主席、1名秘书长，他们由巴解组织

---

① 巴勒斯坦解放组织驻京办事处编：《巴勒斯坦问题和巴解组织》，北京：巴勒斯坦解放组织驻京办事处1991年版，第22-28页。

执行委员会、全国委员会主席、巴勒斯坦解放军总司令、各抵抗组织代表组成的委员会负责提名，全国委员会全体成员多数通过选举产生，但在特殊时期巴解组织最高领导人可以直接任命这些成员，现任主席是自1996年当选的萨利姆·扎农（Saleem Al-za'noon）。

全国委员会成员由巴勒斯坦人民投票选举产生，约有740名成员组成，其中包括132名巴勒斯坦立法委员会成员（包括部分哈马斯成员①）、各抵抗组织代表、妇女和教师等联合会代表、分布在世界各地的巴勒斯坦人代表等。全国委员会定期召开大会，就执行委员会提出的巴解组织及其机构所取得的成就报告、巴勒斯坦全国基金会和巴解组织预算报告、各下设委员会提出的建议等问题进行审议，决议由简单多数通过，法定与会人数应为成员的2/3。②

1973年1月，全国委员会第11次会议成立巴勒斯坦中央委员会（Palestine Central Council）作为全国委员会和执行委员会之间的中介机构。它既负责监督执行委员会实施全国委员会通过的决议，又自1991年以来成为执行委员会的咨询机构。中央委员会当前共由124名成员组成，其中包括15名巴勒斯坦立法委员会的代表。在全国委员会闭会期间，由中央委员会指导巴解组织的工作。

2. 巴勒斯坦执行委员会（Executive Committee of the Palestine Liberation Organization）

巴勒斯坦执行委员会是巴解组织的最高行政机构，由巴勒斯坦全国委员会从其成员中选举产生，对全国委员会负责。执行委员会内部的每一成员分管不同的部门（政治部、人民组织部、教育部、卫生部、新闻文化指导部、民族关系部、被占领土事务部、社会事务部、行政事务部、和谈事务部、难民事务部、计划中心等），根据全国委员会制定的总纲领、政策和议程行使巴解组织的所有职权，其主要职能

---

① 虽然哈马斯没有加入巴解组织，但实际上两者有着天然的联系，因为所有巴勒斯坦立法委员会成员均属于全国委员会成员。2006年议会选举中，哈马斯赢得立法委员会中的74个席位，占据了全国委员会总人数的10%。

② Palestine Liberation Organization, *The PLO Basic Law*, pp.5-6, http://www.palestinepnc.org/en/images/pdf/PloBasicLaw.pdf, 登录日期：2016年12月1日。

包括以下4个方面：

第一，正式代表巴勒斯坦人民；

第二，负责监督巴勒斯坦解放组织的各个机构和部门；

第三，执行巴勒斯坦全国委员会和中央委员会通过的政策和决议；

第四，负责执行巴勒斯坦解放组织的财政政策，制订预算。

自1964年执行委员会建立开始，历届主席为艾哈迈德·舒凯里（1964—1968年）、叶海亚·哈穆达（1968—1969年，代理主席）、亚西尔·阿拉法特（1969—2004年）、穆罕默德·阿巴斯（Mahmoud Abbas，2004年至今）。执行委员会共有18名成员，由不同政治派别、联盟的代表组成：法塔赫（6名）、解放巴勒斯坦人民阵线（1名）、解放巴勒斯坦民主阵线（1名）、巴勒斯坦解放阵线（1名）、巴勒斯坦人民党（1名）、阿拉伯解放阵线（1名）、巴勒斯坦人民斗争阵线（1名）、巴勒斯坦民主联盟（2名）、阿拉伯民族主义者（1名）、独立人士（3名）。其中法定与会人数为成员的2/3，决议由简单多数通过。

3. 巴勒斯坦全国基金会（Palestine National Fund）

全国基金会成立于1964年，由董事会负责管理。由全国委员会选举产生1名董事长、1名副董事长和1名书记，董事长同时也是执委会成员，现任董事长是拉姆齐·埃利亚斯·优素福·克霍里（Ramzi Elias Yousef Khouri）。董事会其他成员均由执行委员会任命，不超过11人。董事会接收巴解组织的所有收入，依据执委会制定、全国委员会批准的预算为巴解组织筹备资金，并监督各分支机构的财政开支。全国基金会的收入主要有四大来源：

其一，阿拉伯国家政府向居住在其国内的巴勒斯坦人征收的固定税收；

其二，阿拉伯国家政府和人民提供的捐款；

其三，阿拉伯国家政府或其他友好国家提供的财政贷款；

其四，全国委员会批准的任何其他资金来源。[①]

4. 巴勒斯坦解放军（Palestine Liberation Army）

根据1964年第一届巴勒斯坦国民大会通过的决议，成立了巴勒斯坦解放军作为巴解组织的正规军事力量，同阿拉伯联合指挥部合作并

---

① Rashid Hamid, "What is the PLO?", *Journal of Palestine Studies*, Vol.4, No.4, 1975, p.104.

协调行动。当时建立了3支部队，主要分散在各阿拉伯国家，即驻扎在埃及的恩杰鲁特旅（Ain Jalut Forces）、驻扎在伊拉克的卡迪斯亚旅（Qadisiyyah Forces，1967年6月迁到了约旦和叙利亚）和驻扎在叙利亚的哈坦旅（Hittin Forces）。在战争行动中，它们受所在国军事力量的统一指挥，曾参与1973年的"十月战争"。1968年，为反对以色列的占领，巴解组织还曾一度建立人民解放力量（Popular Liberation Troops）。90年代中期，巴勒斯坦民族权力机构建立之后，这些军队的部分分支都被收编进民族权力机构的安全部队。

（四）主要政治派别

1. **巴勒斯坦民族解放运动**（Palestinian National Liberation Movement）

巴勒斯坦民族解放运动简称"法塔赫"（Fatah）。其是由阿拉法特领导的巴勒斯坦爱国青年于20世纪50年代末所组建的，60年代末阿拉法特当选为执委会主席，法塔赫也成为巴解组织中影响力最大的主流派，得到阿拉伯国家的广泛承认与支持。2006年之前一直处于执政党地位，其主要活动区域在约旦河西岸，有"暴风"突击队武装力量、"坦齐姆"民兵组织等多个军事派别。法塔赫的政治目标是"在整个巴勒斯坦土地上建立一个民主的巴勒斯坦国"，黎巴嫩内战爆发后，法塔赫内部在政治目标和斗争方式等方面的分歧逐渐表面化，分裂为以阿拉法特为首的多数温和派和少数反对派。

法塔赫的最高权力机构是由500名成员组成的代表大会，每5年召开一次，但1989年之后内外动荡的局势致使大会很少如期举行。革命委员会是代表大会闭会期间的最高权力机关，共有120名成员。其选举产生最高领导机构中央委员会，由22名委员（18名选举产生，4名由中央委员会委员直接指定）构成。2004年阿拉法特去世后，法鲁克·卡杜米（Farouk al-Kaddoumi）继任中央委员会主席，2006年革委会推选马哈茂德·阿巴斯（Mahmoud Abbas）为最高领导人，2009年和2016年的代表大会中，阿巴斯均当选为中央委员会主席。

2. **解放巴勒斯坦人民阵线**（Popular Front for the Liberation of Palestine）

解放巴勒斯坦人民阵线简称"人阵"（PFLP）。最早是在1967年由乔治·哈巴什（George Habash）领导的"阿拉伯民族主义运动"与

"巴勒斯坦解放阵线""归国英雄"等组织合并而成，同年建立军事组织穆斯塔法旅（Abu Ali Mustapha Brigades）。1969年，人阵第二届代表大会通过了"解放巴勒斯坦战略"（Strategy for the Liberation of Palestine）[1]作为其政治和组织纲领性文件。人阵认为，巴勒斯坦人民斗争的长期目标是建立一个巴勒斯坦国，完成阿拉伯的统一，推行根本性的社会变革，其中劳苦大众是忠实执行者和主要依靠者。人阵宣称是一个马克思列宁主义和革命社会主义的组织，其领导人经常使用马列主义的术语和口号。1970年，人阵加入巴解组织，成为继法塔赫之后的第二大组织。其政治观点偏左，反对巴以签订的《奥斯陆和平协议》，但1999年之后逐渐接受巴解组织主流派的主张，开始参与中东和平进程。人阵领导机构为中央委员会，现任总书记是艾哈迈德·萨阿达特（Ahmad Sa'adat）。

3. **解放巴勒斯坦民主阵线**（Democratic Front for the Liberation of Palestine）

解放巴勒斯坦民主阵线简称"民阵"（DFLP）。1969年与人阵分裂，成为巴解组织中的第三大组织。意识形态上与人阵颇为相似，自称为马克思列宁主义组织。其活动区域主要在叙利亚、黎巴嫩和巴勒斯坦境内，受到叙利亚等国的财政支持。民阵政治观点偏左，1991年分裂为"强硬派"和温和的"亲阿拉法特派"，前者反对巴以签订的《奥斯陆和平协议》，曾与人阵和哈马斯等组织联合成立"巴勒斯坦力量联盟"。1999年之后，民阵开始参加中东和平进程。2007年，民阵在约旦河西岸、加沙和流亡的巴勒斯坦人中间同时举行了持续近7个月的代表大会，选举产生了由81名正式成员和21名候补成员组成的中央委员会。中央委员会再选举产生由13人组成的政治局，现任总书记是纳耶夫·哈瓦特迈赫（Nayef Hawatmeh）。

4. **巴勒斯坦人民解放战争先锋队**（Vanguard for the Popular Liberation War）

巴勒斯坦人民解放战争先锋队简称"闪电"（As-Sa'iqa），是1968年在叙利亚复兴党的支持下建立的巴勒斯坦抵抗组织，领导团体、意识形态和政治议程都与叙利亚复兴党保持一致，具有强烈的阿拉伯社

---

[1]　详细内容可参考"人阵"官方网站，http://pflp.ps/english/strategy-for-the-liberation-of-palestine/.

会主义、民族主义和泛阿拉伯主义思想。闪电将巴勒斯坦革命视为泛阿拉伯革命的一部分，认为巴勒斯坦革命的走向与前景都由周边国家的状况来决定，主张巴解组织应同叙利亚结成密切的战略联盟。闪电的最高权力机构是总司令部，下设政治部、组织部和军事部等分管部门，内部成员主要为巴勒斯坦籍的复兴党人士，现任总书记是法尔汉·阿布·哈伊贾（Farhan Abu Al-Hayja）。

5. 阿拉伯解放阵线（Arab Liberation Front）

阿拉伯解放阵线简称"阿解阵"（ALF），是1969年在伊拉克复兴党的支持下建立的巴勒斯坦抵抗组织，意识形态和领导团体与伊拉克复兴社会党保持高度一致。阿解阵认为，巴勒斯坦斗争不应仅局限于巴勒斯坦境内，极力主张巴解组织与伊拉克建立紧密的联系，促使巴勒斯坦事业阿拉伯化。现任总书记为拉卡德·马哈茂德·萨拉梅赫·萨勒姆（Rakad Mahmoud Salameh Salem），总部设在约旦河西岸的拉姆安拉。

6. 巴勒斯坦解放阵线（Palestine Liberation Front）

巴勒斯坦解放阵线简称"巴解阵"（PLF）。1976年因不满人阵（总部）的亲叙利亚政策而从中分离出来，1977年4月正式成立。1983年分为雅各布派和阿巴斯派。2003年，巴解阵总书记穆罕默德·阿巴斯（Mohammed Abbas）在伊拉克战争中被美军俘虏，后死于美战俘营。现任总书记是瓦希尔·阿布·尤素福（Wasel Abu-Yousef）。

7. 巴勒斯坦民主联盟（Palestinian Democratic Union）

巴勒斯坦民主联盟简称"菲达"（FIDA）。因与民阵在《奥斯陆和平协议》、对约旦政策、1987—1993年巴勒斯坦第一次大起义的态度和立场上有所分歧，1990年亚西尔·阿卜杜·拉布（Yasser Abd Rabbo）重新组建了巴勒斯坦民主联盟。其信条是"自由、独立、回归、民主和社会主义"，自称为世俗和民主的社会党，赞成马克思主义的科学社会主义。民主联盟主张建立多元、民主的政党制度，致力于推动巴以和平进程。领导人拉布曾多次参加巴以和谈，被任命为巴方最终地位谈判小组组长，提倡"两国方案"。现任总书记是萨利赫·拉法特（Saleh Ra'fat）。

8. 巴勒斯坦人民党（Palestinian People's Party）

巴勒斯坦人民党的前身是1919年成立的巴勒斯坦共产党（Palestine Communist Party）。随着以色列建国和约旦河西岸并入约旦，巴勒斯坦共产党成为约旦共产党的一个组成部分。1982年巴勒斯坦共产党员举行会议，经约旦共产党的同意，黎巴嫩和约旦河西岸的共产党人重新建立巴勒斯坦共产党，以马克思主义、社会主义和共产主义为指导思想，积极投身于巴勒斯坦的民族解放斗争事业。1987年正式加入巴解组织，巴共代表进入执委会。在巴勒斯坦问题上，巴共赞同法塔赫"以土地换和平"的政策，支持《奥斯陆和平协议》。1991年苏联解体后，改名为巴勒斯坦人民党。现任总书记是纳菲兹·古奈姆（Nafez Ghunaim）。

此外，巴勒斯坦人民斗争阵线（Palestinian Popular Struggle Front，简称"人斗阵"）和巴勒斯坦阿拉伯阵线（Palestinian Arab Front）等都加入了巴解组织。它们虽在形式上维系在巴解组织内部，但各派在政治背景、指导思想等方面均有较大差异，在处理与阿拉伯国家的关系，制定巴勒斯坦斗争的目标、策略和方式上时有分歧。因此，巴解组织自成立以来，虽进行过多次分化改组，但实质上仍是一个松散的政治联盟。

（五）政治地位

1974年6月，巴勒斯坦全国委员会第12次会议上通过了《十点纲领》，其核心观点是要求将巴解组织组建成一支紧密的政治力量，每个派别都可以在巴勒斯坦全国委员会中设立他们的代表。巴解组织拒绝承认联合国第242号决议，决心采用武装斗争的手段进行解放巴勒斯坦土地的斗争，同意在从犹太复国主义占领下解放出来的巴勒斯坦土地上建立民族的、独立的和战斗的权力机构，以及最终的战略目标是建立独立的巴勒斯坦民主国家。[①]同时，确立了巴解组织作为巴勒斯坦人民唯一合法代表的地位，要求巴解组织享有主权，参加所有涉及巴勒斯坦和平计划、前途的会议和谈判。

巴解组织自建立伊始，就得到了阿拉伯各国政府的承认。1964年9月，在埃及亚历山大召开的第2届阿拉伯国家首脑会议上，舒凯里作为巴勒斯坦人民的代表首次正式出席，阿拉伯国家均表示支持巴解组

---

① 　巴勒斯坦解放组织驻京办事处编：《巴勒斯坦问题和巴解组织》，北京：巴勒斯坦解放组织驻京办事处1991年版，第28-29页。

织的建立，认为其是巴勒斯坦解放运动的先锋，并规定了各成员国为支持巴解组织行动所承担的义务。1974年10月，在摩洛哥首都拉巴特举行的第7次阿拉伯首脑会议上，巴解组织被确认为"巴勒斯坦的唯一合法代表"。1976年，巴解组织被承认为阿拉伯联盟的正式代表，得到第三世界许多国家的承认，同年被不结盟运动接纳为正式成员。巴解组织积极开展外交活动，争取更多国家的支持和承认。1965年，舒凯里率领代表团访问中国，中国同意在北京为巴解组织设立办事处，中国成为最早承认巴解组织的非阿拉伯国家之一。至80年代中期，承认巴解组织的国家达130余个。

1991年马德里和会召开之前，巴解组织被美国和以色列定义为恐怖组织。1993年，巴解组织承认以色列的合法生存权，并接受了联合国第242号决议和第338号决议，明确反对"暴力和恐怖主义"，以色列也正式承认巴解组织是巴勒斯坦人民的合法代表。

1974年11月，巴解组织以观察员实体的身份进驻联合国，根据第29届联大通过的决议，阿拉法特作为非政府组织的第一位代表向联合国大会致辞。联合国大会确认，只有巴解组织才能代表包括不同政治派别、联合会、流亡的巴勒斯坦难民等在内的所有巴勒斯坦人民。当时，巴勒斯坦在联合国的活动均是以巴解组织的名义进行的，其多次努力寻求在联合国中提升地位。1988年，巴勒斯坦国宣告成立之后，联合国代表大会于同年12月15日通过决议，决定在联合国内正式以"巴勒斯坦"的名称取代原先"巴解组织"的称谓。

二、哈马斯

巴勒斯坦伊斯兰抵抗运动（Islamic Resistance Movement），简称"哈马斯"（Hamas），是阿拉伯语 Harakat Al-Muqawama Al-Islamiya fi Filistin 首字母的缩写，意思是"勇气""热情"。

（一）成立与发展

哈马斯由谢赫艾哈迈德·亚辛（Sheikh Ahmed Yassin）于1987年正式创建，其前身是1973年亚辛和阿卜杜勒·阿齐兹·兰提西（Abdel Aziz Al-Rantissi）等人在加沙成立的"伊斯兰中心"，在伊朗、叙利亚、黎巴嫩等国都设有分支。哈马斯最初根植于埃及穆斯林兄弟会，是巴勒斯坦穆斯林兄弟会的延伸和发展，这在《哈马斯宪章》的第1章第2条中有明确的表述。1987年巴勒斯坦大起义为哈马斯提供了传播思想的平台，使其很快发展成为巴勒斯坦第二大组织。

哈马斯有独特的徽章标志，徽章的正上面是巴勒斯坦地图，中心是阿克萨清真寺，两侧各由对称的三面巴勒斯坦旗帜环绕，右边写着"除安拉以外，没有别的神"，左边写着"穆罕默德是安拉的使者"，下方有两把交叉的剑，象征力量和智慧，在整个图案下方的绿色带子上用阿语书写着"伊斯兰抵抗组织——哈马斯"。哈马斯的徽章很清楚地表现其意识形态和斗争目标。

1991年马德里和会开启中东和谈的进程后，哈马斯强烈反对政治解决巴勒斯坦问题。其抵制《奥斯陆和平协议》的签订，谴责巴解组织"背叛了巴勒斯坦解放事业"，拒绝参加巴勒斯坦民族权力机构，开始实施罢工、示威等行动，并针对以色列发动自杀袭击，这一时期哈马斯被确立为"反对派"角色。21世纪之后，哈马斯开始融入并参与巴勒斯坦的政治进程。2005年，哈马斯以"变化和改革"为竞选口号，正式宣布参加巴勒斯坦第二次立法委员会选举。次年，哈马斯在选举中获胜，赢得巴勒斯坦立法机构中的74个席位（共132个席位），进而以绝对优势单独组建政府，这是哈马斯自成立以来的巨大转折点。但由于与法塔赫发生武装冲突，2007年6月之后，哈马斯独立控制加沙地带。

（二）《哈马斯宪章》与基本观点

1988年8月18日，《哈马斯宪章》正式公布，这一完整、系统的纲领不仅是哈马斯公开表达政治主张的重要文本，也是其运动目标和诉求的最集中体现。《宪章》包括引言、5大章节和36个条文，其中大量引用《古兰经》经文和穆罕默德言行录，具有浓厚的伊斯兰教色彩和明显的反犹太复国主义倾向。《宪章》第1章第8条，如此阐述哈马斯的格言："安拉是目标，使者是领导，《古兰经》是宪法，吉哈德是道路，为安拉而死是最崇高的理想。"[1]

---

[1]　Hamas, "Charter of the Islamic Resistance Movement (Hamas) of Palestine", Muhammad Maqdsi trans., *Journal of Palestine Studies*, Vol.22, No.4, 1993, p.124.

《宪章》表明伊斯兰教是哈马斯最根本的指导原则，第1章第1条阐述了哈马斯意识形态的起源，即"伊斯兰教是一个包罗万象的体系，哈马斯的意识形态、根本准则及对生命、宇宙和人类的世界观都来自伊斯兰教。哈马斯依据伊斯兰教来评判自己的一切行动，并用伊斯兰教来纠正错误"，"哈马斯是巴勒斯坦运动的杰出代表，它将忠于安拉，用伊斯兰教作为生活方式，致力于让安拉的旗帜在每一块巴勒斯坦的土地上飘扬。"[①]伊斯兰教经典是《宪章》的直接理论来源，哈桑·班纳、赛义德·库特卜、毛杜迪和喀萨姆的伊斯兰国家观和圣战观等思想对哈马斯理论的形成产生了深远影响。

在《宪章》中，哈马斯强烈反对犹太复国主义，否认以色列在巴勒斯坦土地上的生存权；将巴勒斯坦视为伊斯兰瓦克夫，认为每一个阿拉伯国家、每一个巴勒斯坦人都不得放弃其中的任何部分；圣战是解放巴勒斯坦的唯一方式，反对政治解决巴勒斯坦问题，反对巴以和谈，但可在一定条件内与以色列实现暂时停火，武装活动也仅限定在巴勒斯坦地区；主张加强与巴勒斯坦其他派别、阿拉伯国家以及伊斯兰世界之间的合作；提出最终目标是解放整个巴勒斯坦，建立伊斯兰国家，实现巴勒斯坦社会的伊斯兰化。

《宪章》中的部分观点，往往成为外界曲解其形象的根源。因此近年来，哈马斯的立场和意识形态有所转变，出现了温和化和务实化的迹象。哈马斯在对外发表的言论中，逐渐淡化与以色列的宗教矛盾，更加强调其目标是抵抗以色列的军事占领和对巴勒斯坦人的压迫，并提出"暂时停火"的协议，也不排斥"过渡解决方案"。2017年5月1日，迈沙阿勒在卡塔尔首都多哈举行的记者招待会上发表了《纲领及政策文件》（A Document of General Principles and Policies），其中包含42个条文，传递了30年来哈马斯的思想和政治遗产。在此文件中，哈马斯表示，巴勒斯坦民族解放运动的核心旨在抵抗犹太复国主义计划和实现巴勒斯坦的解放，伊斯兰教是一切事务的参考框架，其决定

---

① Hamas, "Charter of the Islamic Resistance Movement (Hamas) of Palestine", by Muhammad Maqdsi trans., *Journal of Palestine Studies*, Vol.22, No.4, 1993, pp.123-124.

了解放运动的原则、目标和方式。①文件中重新强调了巴勒斯坦难民重返家园是一种自然权利，也明确表示接受"以1967年边界线为基础建立耶路撒冷为首都、主权独立完整的巴勒斯坦国"，但不意味着接受犹太复国主义组织。哈马斯不承认以色列，也不承认以色列对巴勒斯坦的侵占，哈马斯与以色列的争端是反对侵略和占领。与1988年的《哈马斯宪章》相比，新政策文件中没有出现"消灭以色列"的表述，同时强调斗争目标是"犹太复国主义计划"（Zionists Project），而不是犹太人（Jews）。

（三）组织结构与社会活动

哈马斯内部分为3个独立运行的部分，即公开的政治组织，主要负责筹集资金、招募人员、经营慈善机构和开展社会活动等；秘密的情报组织，负责搜集与以色列相关的情报，与军事组织联合行动，参与组织、动员和游行；军事武装组织"卡萨姆旅"（Izz ad-Din al-Qassam Brigades），于1991年建立，主要开展针对以色列为目标的自杀式袭击。现有约5万兵力，领导人是马尔万·伊萨（Marwan Issa），总部设在加沙地带，在约旦河西岸有很多分支，2004年遭到以色列国防军的重创。哈马斯内部结构极为严密，各成员之间仅采取纵向单线联系。

哈马斯的核心领导机构是由12名成员组成的政治局，设立舒拉委员会协商内部事务。现任最高领导人是2017年5月6日当选的伊斯梅尔·阿卜杜拉萨莱姆·艾哈迈德·哈尼亚（Ismail Abdulsalam Ahmed Haniya），哈马斯在2006年立法委员会选举中获胜后，他曾短暂出任巴勒斯坦自治政府总理，2007年哈马斯掌握加沙地带控制权后，哈尼亚长期担任加沙地带领导人。哈尼亚与哈立德·阿卜杜拉希姆·迈沙阿勒（Khaled Abdulrahim Meshal，2004年4月—2017年4月担任哈马斯最高领导人）、马哈茂德·哈立德·扎哈尔（Mahmoud Khaled al-Zahhar），一起并称为"哈马斯三巨头"。政治局委员大都长期定居于海外，1999年从约旦转入叙利亚，2012年因叙利亚危机被迫转移到卡塔尔等其他阿拉伯国家，他们主要通过远程视频系统来指导加沙地区的

---

① Hamas, "A Document of General Principles and Policies", 1 May 2017, p.2, http://hamas.ps/en/post/678/a-document-of-general-principles-and-policies, 登录日期：2017年5月1日。

活动。

哈马斯自创立之初，就将发展慈善事业和从事社会活动作为工作的核心之一。《哈马斯宪章》第3章第20条和第21条中，提出社会福利是为每个人提供物质和精神方面所需的一切。在宗教事业方面，哈马斯投入资金兴建清真寺，加强伊斯兰宗教教育；社会福利方面，哈马斯开办医疗诊所，设立孤儿院，救济巴勒斯坦难民；教育方面，哈马斯积极资助修建幼儿园、中小学，建立加沙伊斯兰大学，支持各项体育活动；开设阿克萨电视台、圣城电视台，创办哈马斯官方网站（www.hamas.ps/en）。积极的社会工作和基层工作为哈马斯赢得广泛的群众基础，这也是哈马斯能够赢得2006年立法委员会选举的重要原因之一。

哈马斯的资金主要有两大来源，一是巴勒斯坦人缴纳的天课和捐赠，二是海外阿拉伯国家、伊斯兰组织、慈善组织、私人等的捐款。其中卡塔尔等海湾国家提供的资金占哈马斯所接受的总援助的40%，伊朗也是哈马斯的重要资金来源之一。

（四）哈马斯与巴解组织关系

哈马斯未加入巴解组织，且是巴解组织的主要反对派之一。受意识形态不同、支持双方国际力量不同的影响，哈马斯和巴解组织之间经历了"承认—对抗—合作—和解"的过程。

哈马斯并非一直否认巴解组织的合法性。1988年的《哈马斯宪章》第3章第27条中表述道："巴解组织和哈马斯十分亲密，他们在我们亲密的父亲、兄弟、亲戚之间，……，我们有同一个国家、同一个誓言、同一个命运，面临同样的敌人。"[①]第一次巴勒斯坦大起义中，哈马斯和巴解组织领导人曾多次会晤，商讨共同抵抗以色列的占领，哈马斯表示愿意与巴解组织合作。1990年，阿拉法特正式邀请哈马斯加入巴解组织，但因在领导层席位的分配问题上的分歧，哈马斯拒绝加入。第二次巴勒斯坦大起义之后，哈马斯寻求加入巴解组织，也因席位分配问题而以失败告终。哈马斯对巴解组织的合法性持保留意

---

① Hamas, "Charter of the Islamic Resistance Movement (Hamas) of Palestine", Muhammad Maqdsi trans., *Journal of Palestine Studies*, Vol.22, No.4, 1993, p.130.

见，认为巴解组织不是民主选举出来的政治组织，不能代表巴勒斯坦人民，也对巴解组织的世俗性及其对以色列政策表示强烈不满。

在马德里和会之前，巴解组织将哈马斯视为民族解放斗争中的重要角色。随着哈马斯的崛起和发展，哈马斯成为唯一能与巴解组织对抗的政治力量，随之二者的关系也发生了变化。2006年巴勒斯坦立法委员会选举中胜选的哈马斯提议组建联合政府，但遭到法塔赫和其他组织的拒绝，两个政党分道扬镳，关系降至冰点。2007年，哈马斯与巴解组织的冲突升级为内战，哈马斯和巴解组织分治加沙地带和约旦河西岸。随后在埃及、也门等国的积极斡旋下，哈马斯和法塔赫举行了多轮巴勒斯坦内部和解对话，但成效不显著。2011年和2012年，分别签署巴勒斯坦民族和解协议和《多哈宣言》，但并未得到有效执行，和解未取得实质性进展，巴勒斯坦的分裂状况持续至今。

2010年年底以来的中东变局，致使地区大国力量此消彼长，这也改变了巴勒斯坦内部的政治生态环境，促使哈马斯进行政策调整。哈马斯和巴解组织的关系进一步走向缓和，双方之间互动频繁，内部和解意识加强，但仍在以下核心问题上存在巨大分歧。其一，巴以问题上的矛盾。冷战结束后，巴解组织作为巴勒斯坦的唯一合法代表，开始参与巴以和谈的进程。哈马斯则拒绝承认以色列，坚持对犹太复国主义的强硬立场，激烈反对以和谈手段解决巴以问题，但同意与以色列实行有条件的临时停火。其二，建国方案上的矛盾。哈马斯主张建立政教合一的伊斯兰国家，将伊斯兰教作为立法的源泉，建立一个包括巴勒斯坦全部领土在内的巴勒斯坦伊斯兰国。而巴解组织致力于建立一个世俗、民主和多元文化的现代国家。其三，对巴勒斯坦政治权力的争夺。2016年12月，法塔赫举行第7届代表大会选举新一届中央委员会和革命委员会，哈马斯也首次应邀出席本次大会，这表明两大对立派别出现和解迹象。

❧ 三、巴勒斯坦伊斯兰圣战组织（Palestinian Islamic Jihad, PIJ）

20世纪80年代初，受伊朗伊斯兰革命的影响，原埃及穆斯林兄弟会成员法希・什卡克（Fathi Shaqaqi）和阿齐兹・阿乌达（Abd al-Aziz Awda）等人在加沙正式创建伊斯兰圣战组织，但规模相对较小。

1990年，总部迁往叙利亚首都大马士革，开办了官方网站（www.sara-ya.ps），贝鲁特、德黑兰、喀土穆也均设有办事处。现任总书记是拉马丹·阿卜杜拉·沙拉赫（Ramadan Abdullah Shallah）。

伊斯兰圣战组织反对《奥斯陆和平协议》，反对巴以和谈的政治进程，反对与以色列建立外交关系，认为通过伊斯兰运动使巴勒斯坦获得解放乃是阿拉伯和伊斯兰世界的当务之急；目标是通过发动圣战摧毁以色列，解放巴勒斯坦被占领土，按照1948年之前委任统治时期的地理边界建立独立的、君主制的巴勒斯坦伊斯兰共和国。伊斯兰圣战组织和哈马斯具有基本相同的意识形态和立场，因而双方能够进行协调，共同采取行动。1993年起，哈马斯曾多次试图将伊斯兰圣战组织纳入其下属组织，但未有成效。

伊斯兰圣战组织自成立以来，就从事武装反对以色列的活动，其下属武装组织"圣城旅"（Al-Quds Brigades）曾多次发动自杀式炸弹袭击和火箭炮攻击行动。1988年，伊斯兰圣战组织领导人被以色列驱逐至黎巴嫩，随之同伊朗革命卫队和真主党建立紧密联系，受到真主党、伊朗和叙利亚的军事训练和财政支持。伊斯兰圣战组织也积极从事巴勒斯坦的社会建设，其掌握约旦河西岸和加沙地带的多个非政府组织，通过兴建清真寺和学校，以及配备医疗卫生设施，为巴勒斯坦人提供一定的免费服务。

❀ 四、巴勒斯坦全国倡议党（Palestinian National Initiative，又称作Al-Mubadara）

2002年6月17日，海达尔·阿卜杜勒·萨费（Haidar Abdel-Shafi）和穆斯塔法·巴尔古提（Mustafa Barghouti）在约旦河西岸的拉姆安拉创建了巴勒斯坦全国倡议党。巴尔古提[①]为现任总书记。2006年在巴勒斯坦第二次立法委员会选举中，该政党获得巴勒斯坦立法机构中的2个席位（共132个席位）。

对于巴勒斯坦问题，该政党主张在1967年边界的基础上，以东耶路撒冷为首都，建立一个拥有独立主权的、民主的巴勒斯坦国；主张执行联合国相关决议，即要求以色列军队撤出约旦河西岸和加沙地

---

① 巴尔古提曾于2005年参加总统选举，获得19.48%的支持率。

带，维护国际公认的巴勒斯坦难民重返家园的权利；不提倡暴力手段，倡导转变巴勒斯坦起义（因提法达）的策略，寄希望通过统一的和平手段来实现建国目标，该政党也没有任何军事武装力量。

对于国内政治问题，该政党自称为巴勒斯坦民主政治中的"第三种力量"。它反对法塔赫和哈马斯之间的二元对立，被称作巴勒斯坦政治舞台上的"中间道路"（Middle Way）；广泛倡导在巴勒斯坦民族权力机构内部推行民主改革，主张国家紧急政府应囊括所有的政治派别，以改变当前政治中存在的专制、独裁和效率低下的状态。该政党认为这些主张应该作为巴勒斯坦人的总目标，并强调自己在国内政治民主化和统一巴勒斯坦运动中的角色。

巴勒斯坦全国倡议党主要由世俗知识分子所领导，党内部分成员是左翼巴勒斯坦人民党的前成员。该政党掌握巴勒斯坦境内多个公民社会组织和非政府组织的运作，并与外国援助和支持集团建立了广泛的联系。它获得许多巴勒斯坦流亡者的支持，最著名的莫过于爱德华·沃第尔·萨义德。但该党在巴勒斯坦人当中的影响力相对较小，尤其在约旦、黎巴嫩等主要的巴勒斯坦难民营里的影响十分微弱。

五、"第三道路"党（Third Way）

2005年12月16日，萨拉姆·法耶兹[①]（Salam Fayyad）和汉娜·阿什拉维（Hanan Ashrawi）创建了活跃在巴勒斯坦民族权力机构中的一个小型中间派政党，命名为"第三道路"党。该政党对外主张与以色列进行谈判，对内主张推行改革、根除腐败，自称为除哈马斯和法塔赫两党制之外的另一种政党。

2006年巴勒斯坦第二次立法委员会选举中，"第三道路"党获得2.41%的选票，即巴勒斯坦立法机构中的2个席位（共132个席位）。此后，该政党在巴勒斯坦政治舞台的影响逐渐消失。2015年7月之后，"第三道路"党领导人在拉姆安拉和希伯伦举行了一系列会议，讨论政党重返政坛的能力，吸引和动员人们支持该政党角逐下届选举。

---

① 法耶兹是一位经济学家，与美国、以色列一直保持良好的关系。他曾于2005年任原民族联合政府的财政部部长，2007年起担任总理职位，负责组织紧急政府。2013年，拉米·哈马达拉接替总理职位。

六、解放巴勒斯坦人民阵线-总指挥部（Popular Front for the Liberation of Palestine-General Command）

1968年在叙利亚的支持下，艾哈迈德·贾布里勒（Ahmed Jibril）等人从解放巴勒斯坦人民阵线（PFLP）中分离出来，重新组建了巴勒斯坦民族主义武装组织，简称"人阵–总部"（PFLP-GC），拥有准军事武装力量"圣战贾布里勒旅"（Jihad Jibril Brigades）。

人阵–总部成立之初，加入了巴解组织。但因反对政治解决巴以冲突和巴勒斯坦全国委员会通过的《十点纲领》，于1974年脱离巴解组织，加入拒绝派阵线（Rejection Front）。20世纪70~80年代，人阵–总部参与黎巴嫩内战，发动了一系列针对以色列士兵和平民的袭击事件。80年代末，人阵–总部已逐渐退出政治舞台，2011年叙利亚内战爆发后，因支持叙利亚政府而重新出现在大众视野当中。

七、巴勒斯坦革命共产党（Revolutionary Palestinian Communist Party）

1982年10月，因在是否承认以色列国的问题上存在分歧，约旦共产党在约旦河西岸的分支分裂为两派：温和派组建了巴勒斯坦共产党（1991年改名为巴勒斯坦人民党）；原约旦河西岸书记阿拉比·阿瓦德（Arabi Awad，1928—2015年）领导的激进派建立了巴勒斯坦革命共产党（RPCP），总部设在大马士革。该政党曾参加武装反抗以色列入侵黎巴嫩的行动，阿瓦德的儿子也在此次行动中牺牲。

巴勒斯坦革命共产党成立之初，加入了巴解组织。它也支持巴勒斯坦民族联盟①（Palestinian National Alliance），但未正式加入。1987年，该政党认为阿拉法特与帝国主义和解、妥协，因而脱离巴解组织。②巴勒斯坦革命共产党强烈反对《奥斯陆和平协议》，号召通过武装斗争的方式在整个巴勒斯坦地区建立巴勒斯坦国。20世纪90年代初，该政党解散其武装力量。1994年，该政党加入巴勒斯坦军事联盟

---

① 1983年成立的巴勒斯坦运动联盟，由"人阵–总部""闪电""人斗阵""巴解阵"等共同组成。1985年解体，被巴勒斯坦民族拯救阵线所取代。

② 同年，巴勒斯坦共产党正式加入巴解组织，巴共代表进入巴勒斯坦执行委员会。

（Alliance of Palestinian Forces）。

除上述这些政治派别之外，二十世纪八九十年代，巴勒斯坦境内还有"黑九月"组织（Black September Organization）、拒绝派阵线（Rejectionist Front）、法塔赫革命委员会〔Fatah Revolutionary Council，又称作"阿布·尼达组织"（Abu Nidal Organization）〕、法塔赫起义（Fatah Uprising）、巴勒斯坦民族拯救阵线（Palestine National Salvation Front）等。但随着创建者或领导人的逝世，他们逐渐在巴勒斯坦销声匿迹或与其他组织合并。

第四节　　议会

❖ 一、巴勒斯坦立法委员会的建立

巴勒斯坦立法委员会（Palestinian Legislative Council）是巴勒斯坦的立法机关，是根据1993年巴以《原则宣言》建立的，是使西岸和加沙地带的巴勒斯坦人能够按照民主的原则实现自治管理的机构，所有议员都是来自巴勒斯坦自治区内的巴勒斯坦人。1995年9月巴以签署关于扩大巴勒斯坦自治范围的协议，根据此协议，1996年1月20日，巴勒斯坦举行历史上首次大选，选举产生了巴勒斯坦立法委员会。1996年3月7日，巴立法委员会在加沙举行首次会议，正式宣告成立，曾经担任巴以谈判代表的艾哈迈德·库赖当选为立法委员会主席。最新一届的立法委员会于2006年选举产生，共有132个议席，其中哈马斯获74席，为立法会内第一大党派。现任主席为阿齐兹·杜维克（Aziz Duwaik，属哈马斯）。由于哈马斯和法塔赫之间的分歧，原定于2014年召开的立法会议一直被推迟。

❖ 二、立法委员会的职权

根据巴勒斯坦基本法规定，立法委员会具有以下职权：创制和通过法律；以2/3多数通过遭到民族权力机构主席否决的法律；以2/3多数通过基本法修正案；批准预算；批准民族权力机构主席提名的总理；批准总理提名的所有内阁成员；总理或至少10名立法委员可以提

出对内阁的信任案；质询内阁成员，但不能质询民族权力机构主席；在国家紧急状态下不得被解散；每年召开两次常会，每次会议不超过3个月；以简单多数通过决议。此外，立法委员会还有权对巴勒斯坦人民的政治、社会、经济生活，特别是人权和自由状况进行跟踪调查并颁布有关规定，对相关方面的执行情况进行监督。

三、立法委员会的组织结构

《约旦河西岸和加沙地带过渡协议》规定，立法委员会由88名成员组成。2005年6月的选举法修正案将立法委员会成员增至132名，每届任期5年。每届立法委员会第一次会议时，选出1位主席、2位副主席、1位秘书长组成立法委员会主席办公室（Presidency Office of the Council），其成员在任期内不得兼任部长和政府中的其他职务。

立法委员会下设的委员会分为两类：常设委员会和临时委员会。临时委员会是专门为特定目的而设立的，当他们完成任务的时候，他们就会停止工作，而常设委员会的工作则是长期运行。常设委员会审查由议长或理事会提交的报告和建议。常务委员会共有11个，分别是：耶路撒冷委员会；领土与定居委员会；难民和散居在外巴勒斯坦人委员会；政治委员会；法律委员会；预算和财政事务委员会；经济委员会；内政与安全委员会；教育和社会委员会；自然资源和能源委员会；监督、人权和全面自由委员会。各专门委员会设主席和报告起草人，每半个月召开一次会议。[1]

四、立法委员会的会议制度

立法委员会每年举行两次会议。第一次会议从2月的第一周开始；第二次会议从9月的第一周开始。总统和立法委员会主席可以要求召开特别会议。总统和立法委员会主席在1/3委员的要求下也可以召开特别会议。每次会议必须有一半以上的议员出席方为有效，决议的通过须获得出席人员的半数支持。

---

[1]　参见巴勒斯坦立法委员会官方网站，http://www.pal-plc.org.

✿ 五、立法委员会的辅助机构

立法委员会设立下列辅助机构：法律处、公共关系处、行政处、图书馆、议会研究处、委员会事务处、财政处、新闻处、技术处和计算机处。立法委员会设有16个地区办公室，按选举法规定分布在16个选区，负责与选民和各界人士保持密切联系。立法委员建立了一支称为"委员会警察"的专门警卫队，用以保卫立法委员会及各委员的安全，确保立法委员会的正常运转及会议的有序召开。

第五节　　领导人

✿ 一、巴解组织主要领导人

（一）亚西尔·阿拉法特（Yasser Arafat）

亚西尔·阿拉法特（1929年8月24日—2004年11月11日），是巴勒斯坦杰出的政治家和军事家，生前是中东政治中的风云人物。1929年8月24日，阿拉法特出生在埃及开罗的一个巴勒斯坦商人家庭。阿拉法特童年和少年的生活鲜为人知，他曾经在耶路撒冷和加沙地带生活并且上学，从小受到伊斯兰教和巴勒斯坦民族主义思想的熏陶。19岁时，他参加了1948年爆发的第一次中东战争。1952年他前往埃及求学，进入开罗大学土木工程系学习。期间，他积极参加政治活动，成为该校巴勒斯坦学生运动的一名重要组织者和领导者，并当选为"巴勒斯坦学生联合会主席"，为此后组建法塔赫组织奠定了基础。

阿拉法特曾参加了1948年第一次中东战争和1956年第二次中东战争。1959年他组建法塔赫并担任领导人，1967—1973年他作为巴勒斯坦领导人参与第三、第四次中东战争。从1969年阿拉法特任巴解组织主席起，执政35个春秋。1989年当选为巴勒斯坦总统，期间转变对以色列的策略主张和平，于1993年获得联合国教科文组织授予的"博瓦尼和平奖"，1994年获得"诺贝尔和平奖"。他数十年不屈不挠，带领巴勒斯坦人民为民族解放事业进行了艰苦卓绝的斗争，赢得了世界绝大多数国家和人民的深切同情与支持。

1970年3月，阿拉法特以巴解组织主席的身份第一次正式访华。此前，他曾于1964年随阿尔及利亚代表团访问中国。一生中，他曾14次访华，与中国三代领导人都保持了亲密友好关系。阿拉法特生前是中国人民的好朋友，巴勒斯坦的正义事业获得了中国的一贯支持。①

（二）马哈茂德·阿巴斯（Mahmoud Abbas）

阿巴斯于1935年出生于巴勒斯坦北部加利利地区采法特镇一个宗教家庭，从小耳濡目染学会了祷告和斋戒等穆斯林的"基本功"，曾数次前往圣地麦加朝圣。早在20世纪50年代中期，阿巴斯就开始投身于政治活动。1959年起协助阿拉法特筹建巴解主流派"法塔赫"。1996年4月，巴勒斯坦全国委员会选出新一届执委会。阿巴斯的排名仅在阿拉法特之后，成为事实上的"第二号人物"。2003年3月，阿拉法特亲自提名阿巴斯当选为巴首任总理，受命组阁。任总理期间，阿巴斯接受了以美国为首的"四方机制"策划的和平"路线图"方案，参加了在约旦亚喀巴举行的巴以美三方首脑会谈。2016年11月29日，法塔赫第七届代表大会在拉姆安拉召开，阿巴斯再次当选法塔赫主席。

阿巴斯是巴解中的"鸽派"代表人物，由于他特殊的学术背景，特别是谙熟以色列政治，使其成为最早与以色列进行直接接触并负责筹划巴以和谈的领导之一。作为阿拉法特的继任者，阿巴斯虽有强烈的和谈意愿，但在触及巴根本利益的问题上与阿拉法特立场并无二致，明确反对以方保留定居点群，要求以色列停止修建"隔离墙"，强调巴难民回归问题是巴方在谈判中决不妥协的"红线"。

阿巴斯认为中国是世界上有影响的大国，十分重视对华关系。他在任巴解执委会秘书长期间，曾于1999年访华。他高度赞赏并感谢中国在不同时期向巴提供政治上、道义上和物质上的支持，对中国在各个领域所取得的巨大成就感到钦佩，支持中国统一大业。2004年9月，已年近古稀且已辞去政府总理职务的阿巴斯再次来到中国，会见了国务委员唐家璇等国家领导人，并与中国从事中东研究的学者座谈。言谈中，他表露出对中国的友好和信任，期望中国在中东问题上

---

① 杨辉：《巴勒斯坦民族解放斗争的领袖——阿拉法特》，《西亚非洲》，2015年第1期，第67页。

发挥更大作用。2017年9月阿巴斯访华，习近平主席在与其会谈中就推动解决巴勒斯坦问题提出了四点主张。

二、哈马斯主要领导人

在哈马斯的诞生与发展历程中，哈马斯的领袖人物发挥了重要作用。哈马斯的成员大都来自贫困的占领区、乡村或小城镇，这些地方生活条件恶劣，人口集中，许多家庭不得不共享临时住房。在很多巴勒斯坦人看来，哈马斯成员的生活就是遭受苦难的巴勒斯坦人生活的缩影。贫困的生活激起了他们的痛苦和愤怒，于是他们奋起抵抗。

在占领加沙之前，哈马斯的领导人主要分散在加沙、约旦河西岸、约旦、黎巴嫩和叙利亚。[①]本部分将对以下几位领导人进行简单介绍。需要特别指出的是，这些领导人中，特别是在加沙内部的领导人具有以下共同的特点："他们绝大部分来自贫穷的难民营和下层阶级；都接受了大学教育；青年时期都属于境内外的穆斯林兄弟会；他们都曾被捕，在以色列监狱服刑；他们中有的被以色列杀害或者是以色列追杀的目标；他们都是虔诚的伊斯兰教信仰者，严格遵守伊斯兰教教义。"[②]

（一）谢赫·艾哈迈德·亚辛（Sheikh Ahmed Yassin）

亚辛是哈马斯的创始人和精神领袖。1938年，亚辛出生在加沙地带南部的一个中产阶级家庭。1948年第一次中东战争爆发后，亚辛和他的家人搬到了加沙的难民营。[③]年轻时，亚辛遭遇了病痛的折磨，脊柱的损害使他终身残疾，只能长年生活在轮椅上。在中学时期，亚辛经常待在穆斯林兄弟会活动的清真寺，耳濡目染地学习了哈桑·班纳以及其他宗教老师的布道。之后，亚辛专注于伊斯兰教的研究。1958年，亚辛获得了在伊斯兰最高学府埃及——爱资哈尔大学深造的机

---

① 哈马斯领导人分散在不同地区和国家的主要原因是：1.哈马斯一直受到以色列和法塔赫以及后来的巴民族权力机构的打压；2.以色列对哈马斯的领导人实行定点清除的政策；3.哈马斯在占领加沙之前并无固定的基地。

② Khaled Hroub, *Hamas*: *A Beginner's Guide*, London: Pluto Press, 2010, p.123.

③ 涂龙德，周华：《伊斯兰激进组织》，北京：时事出版社2010年版，第164页。

会，在这里亚辛和埃及穆斯林兄弟会分支的成员建立了广泛的联系，成为有名的宗教老师和领袖。1973年，亚辛在加沙成立了"伊斯兰中心"（Islamic Centre），即哈马斯的前身。

亚辛曾经两次入狱，第一次是在1983年，亚辛被以色列以"私藏武器、筹建军事组织和煽动消灭以色列"的罪名被以色列逮捕，判处13年监禁。1985年，解放巴勒斯坦人民阵线与以方达成交换囚犯协议，亚辛有幸在入狱11个月后获释。1989年5月18日，亚辛因策划暴力活动再次被以色列逮捕。次年10月16日，亚辛被控有"九大罪名"，并判以终身监禁。1997年10月1日，约旦和以色列达成交换囚犯的协议，用释放亚辛换取当时在约旦境内企图暗杀哈马斯政治领导人哈立德·梅沙尔的两名摩萨德特工。[1]

作为哈马斯的领导者，亚辛从未放弃建立巴勒斯坦国的目标，亚辛的主张大体上构成了哈马斯的政治发展方向。同时，亚辛还是一位有远见的实用主义者。亚辛提出了"暂时停火"（Hudna），宣布内战是巴勒斯坦人不可触及的领域，即使哈马斯不断受到巴勒斯坦行政当局的攻击，哈马斯也绝不可以反击；亚辛赢得了其他领导人的尊重，他的影响力保持了哈马斯内部的团结。亚辛去世后，现任的领导人和高级官员经常提及亚辛的言论。在生活中，亚辛十分节俭，直到最后被以色列定点清除之际，他仍然住在1948年战争后搬到的难民营。在很多巴勒斯坦人眼中，亚辛是一位"圣战英雄"。而在美国和以色列等国家的眼中，亚辛则是一个不折不扣的滥杀无辜的"恐怖分子"和"魔王"。2000年底，巴勒斯坦第二次起义爆发后，以色列政党加紧对哈马斯成员进行定点清除，亚辛成为以军追杀的目标之一。2004年3月22日，亚辛遭以军定点清除，在一次空袭中被炸死。[2]

（二）阿卜杜勒·阿齐兹·兰提西（Abdel Aziz al-Rantisi）

兰提西被认为是仅次于亚辛的哈马斯的精神领袖。1973年，兰提西和亚辛共同建立了伊斯兰中心。1987年，他和亚辛以及其他穆斯林兄弟会成员成立了哈马斯。

1948年，兰提西出生在当今靠近雅法的一个小村庄，以色列国建

---

①　涂龙德，周华：《伊斯兰激进组织》，北京：时事出版社2010年版，第165页。
②　同上，第165~166页。

立以后，举家搬迁到加沙难民营。兰提西在埃及亚历山大大学攻读医学学位期间，接触到穆斯林兄弟会，开始积极参加政治活动。直到1983年之前，兰提西一直从事医疗工作，但因拒绝纳税被以色列当局开除，这是兰提西的第一次政治亮相。[1]1992年，418名巴勒斯坦人被流放到黎巴嫩南部，兰提西是其中的一员，并成为他们的代言人。1993年被释放之后，兰提西还多次被以色列以组织针对以色列的军事行动的罪名逮捕。在亚辛入狱之后，兰提西成为哈马斯的主要负责人。他极富个人魅力，善于演讲，是哈马斯的发言人，他对内温和，对外强硬，很受巴勒斯坦人的欢迎。兰提西持强硬立场，但是从未与持相对温和立场的亚辛发生过矛盾，他们是一生的战友。以色列一份发表于2003年的报告指出，兰提西直接策划了哈马斯的恐怖政策，他的某些公开言论其实是要进行的恐怖活动的指示代码。在2004年亚辛被暗杀四周后，他也被杀。

（三）马哈茂德·扎哈尔（Mahmoud al-Zahhar）

扎哈尔任哈马斯选举上台后的外交部部长，也是加沙伊斯兰大学的创建者之一。扎哈尔出生于1945年，曾在开罗学习医学并获得硕士学位。在很长一段时间内，扎哈尔发表的言论相对温和，曾在媒体上公开呼吁卡桑旅停止自杀式袭击，因此遭到了哈马斯成员的强烈抨击，并一度被边缘化。亚辛和兰提西被刺杀之后，扎哈尔成为加沙的领导人。2003年，以色列用F-16轰炸了扎哈尔在加沙的住所，他和女儿受伤，29岁的儿子被炸死，还造成了多人死亡和伤残。这次袭击之后，扎哈尔的立场更为强硬，言论日趋激进，但是当他就任外交部部长之后，他的言论是温和和激进的混合体，曾和以色列讨论实用的巴勒斯坦"过渡解决方案"，向西蒙·皮尔斯提出四条建议。

（四）伊斯梅尔·哈尼亚（Ismail Haniya）

哈尼亚曾任哈马斯政府的总理，是组建哈马斯的最年轻的成员之一。他出生在加沙难民营。幼年时期，他和失去土地的其他巴勒斯坦人一样，过着悲惨的难民生活。哈尼亚在加沙伊斯兰大学完成阿拉伯语研究的学习，在20世纪80年代初已是伊斯兰主义学生团体中的杰出

---

[1]   Matthew Levitt, *Hamas: Politics, Charity, and Terrorism in the Service of Jihad*, New Haven: Yale University Press, 2006, p. 38.

代表。1992年，哈尼亚也被流放到黎巴嫩南部。他在哈马斯内很受欢迎，亚辛视其为最亲密的朋友和助手。哈尼亚是最著名的温和派高级领导人，他总是试图在哈马斯和敌人之间寻求和解的方式。因此，哈尼亚被认为是一个很好的协调者，赢得不同党派的信赖。哈尼亚因其冷静、谦逊、温和的个性，被选为2006年哈马斯参加议会选举的负责人。对于哈马斯是否应该参加2006年的议会选举，哈尼亚的建议在决策时起到了重要作用。哈尼亚认为，首先，只要哈马斯在其所坚持的原则下参加选举，就不是投降；其次，参加选举后，哈马斯就具有合法的政治地位，能够使哈马斯融入日常的政治生活，防止被排除在外，再次，哈马斯将更有能力保护经营多年的慈善机构和福利机构。另外，能够促进哈马斯内部机构的改革，打击腐败。

（五）凯立德·梅沙尔（Khaled Mish'al）

梅沙尔是哈马斯的现任最高领导人。1956年，梅沙尔出生于当时约旦治下的拉姆安拉（Ramallah）附近的村庄，1967年阿以战争后迁到科威特。梅沙尔深受父亲抵抗英国委任统治经历的影响。在科威特读高中时，梅沙尔结交了穆斯林兄弟会的成员，在15岁时就加入了穆斯林兄弟会。在大学期间，梅沙尔对巴勒斯坦的建国问题愈来愈感兴趣，并在大学里的伊斯兰组织中担任领导，参与了建立伊斯兰团体，逐步成为科威特大学伊斯兰团体的活跃领导者。80年代末，梅沙尔成为哈马斯的境外领导者。

1990年伊拉克入侵科威特后，梅沙尔和他的家人与数千名巴勒斯坦人被驱逐到约旦。在约旦，梅沙尔积极支持哈马斯，开展了许多活动。1996年，他继任被逮捕的领导人穆萨·阿布·马尔祖克（Mousa Abu Marzook）之位，成为哈马斯境外最高领导人。1999年，美国和以色列向约旦国王施压，约旦开始驱逐哈马斯领导人，梅沙尔又迁到大马士革。之后，梅沙尔一直在黎巴嫩、卡塔尔和伊朗之间辗转。梅沙尔成为巴勒斯坦境外哈马斯的形象代表，负责处理哈马斯与外国政府和组织之间的关系。尽管梅沙尔很受哈马斯支持者和伊斯兰圈的欢迎，但是他被认为缺乏领袖魅力和政治家的成熟。

除上述根据职位来划分外，哈马斯的领导人还可以根据办公地的地理位置来划分，即分为驻加沙、西岸和巴勒斯坦境外的领导人。从总体上来说，这三个分支的领导人间的关系比较融洽，他们实行"民主集中"的决策原则，有程序化的管理机制和每日例行的沟通制度。在权力分配上，加沙领导人享有的权力较大。2006年哈马斯参加选举后，加沙领导人拥有的权力更大。在领导人职责划分上，加沙和西岸的领导人负责哈马斯的综合事务，境外的领导人主要负责筹集资金和发展与外部的联系。

然而，三个分支的领导人之间也存在较大分歧。例如是否同意与以色列共处并接受在1967年战争前的边界上建立巴勒斯坦国、是否坚持自杀式袭击、是否加入巴解组织等问题上，三个分支的领导人有不同的主张。

第六节　　政府

巴勒斯坦民族权力机构（PNA）是巴勒斯坦国政府。2006年巴勒斯坦大选中，哈马斯胜选，但组建民族联合政府失败，事实上形成约旦河西岸阿巴斯政府和加沙地带哈马斯政府两个政府并存的局面，国际社会承认阿巴斯领导的约旦河西岸政府的合法性。2014年9月25日，哈马斯同意让巴勒斯坦权力机构恢复对加沙地带及其与埃及和以色列的边界过境点的控制。

一、民族权力机构主席

在1996年1月巴勒斯坦首次大选中，阿拉法特赢得直接选举88.2%的选票，当选民族权力机构第一任主席。自就职后阿拉法特一直担任此项职务。阿拉法特去世后，2005年1月9日，巴勒斯坦举行大选，选举新一任民族权力机构主席。巴解主席法塔赫候选人、巴解组织执行委员会马哈茂德阿巴斯获得80.20万张选票中的50.14万张，占投票总数的62.52%，当选为第二任民族权力机构主席。到2017年1月，巴勒斯坦还未举行选举，哈马斯领导人多次表态称，阿巴斯的任期已到，当前是"非法"的总统。

❖ 二、民族权力机构总理

巴勒斯坦总理一职设立于 2003 年，是巴勒斯坦国的政府首脑，其职责是管理巴勒斯坦政府的日常活动。巴勒斯坦总理需要首先通过巴勒斯坦选民选举后，再经巴勒斯坦立法委员会选举，再通过由巴勒斯坦总统任命。政府的行政权力实际仍由巴勒斯坦总统掌握。巴勒斯坦的历任总理中，除了伊斯梅尔·哈尼亚（哈马斯）和萨拉姆·法耶兹（"第三道路"党）之外，其余的均由法塔赫成员担任。巴勒斯坦现任总理是拉米·哈马达拉（Rami Hamdallah），也是第 6 任巴勒斯坦民族权力机构总理。1958 年哈马达拉出生于约旦河西岸北部城镇阿纳布塔，毕业于英国兰卡斯特大学，获得语言学博士学位。哈马达拉于 2013 年 6 月被巴勒斯坦民族权力机构主席马哈茂德·阿巴斯任命为以法塔赫为主的巴民族权力机构的总理，接替离任的前总理萨拉姆·法耶兹。

❖ 三、民族联合政府的发展

2007 年 3 月 17 日，哈马斯和巴勒斯坦民族解放运动（法塔赫）等组成民族联合政府，哈尼亚继续担任总理。6 月，哈马斯和法塔赫爆发严重冲突，哈马斯实际控制了加沙。阿巴斯宣布解散民族联合政府、实施紧急状态、成立紧急政府。7 月 14 日，巴民族权力机构主席阿巴斯任命前财政部部长萨拉姆·法耶兹（Salam Fayyad）组建过渡政府。

2011 年 5 月，经埃及斡旋，以法塔赫和哈马斯为首的巴勒斯坦 13 个政治派别在开罗签署和解协议。2012 年 2 月，法塔赫和哈马斯签署《多哈宣言》，同意组建以阿巴斯为总理的联合过渡政府，但此后和解进程进展缓慢。2013 年 1 月，法塔赫主席阿巴斯与哈马斯政治局主席马沙勒在开罗会晤，决定推动落实 2011 年 5 月达成的"开罗协议"。5 月，法塔赫与哈马斯同意在 8 月 14 日前组建联合政府，以筹备大选。2012 年 5 月，过渡政府进行第三次重组。2013 年 1 月，阿巴斯签署命令，要求将法规、公文、证件等使用的"巴勒斯坦民族权力机构"称谓统一改为"巴勒斯坦国"。4 月，法耶兹辞职。6 月，阿巴斯任命哈姆迪拉为新的过渡政府总理，但哈姆迪拉不久即辞职。9 月，阿巴斯再次任命哈姆迪拉为总理。2014年6月，阿巴斯任命"纳贾赫大学"校长哈姆迪拉为新的过渡政府总理，哈马斯表示反对。2015年7月，哈姆迪拉对内阁进行小幅改组。7月初埃及局势剧变后，哈马斯处境日益艰难，巴勒斯坦内部和解进程基本停滞。

2014年4月，巴内部加快和解。6月初，法塔赫和哈马斯经协商组建过渡性质的民族共识政府，并决定半年内举行总统和立法委员会选举。在2014年夏天以色列和哈马斯爆发加沙冲突后，巴内部和解延滞，哈马斯宣布退出民族共识政府。2015年12月和2016年1月，哈马斯和法塔赫在多哈秘密举行了由卡塔尔斡旋的会谈，以签署补充2014年的协议。2016年2月7日至8日会谈继续进行。

2017年法塔赫和哈马斯在卡塔尔、阿联酋和埃及的压力下重启谈判并在开罗签署和解协议。协议中规定，哈马斯将对加沙地带的民事控制移交给法塔赫，同时缓解对加沙地带的经济封锁。2017年，巴勒斯坦民族权力机构对哈马斯施压，削减加沙地带的巴勒斯坦权力机构雇员的工资，减少对加沙地带的电力供应。加沙地带因以色列的封锁而遭遇电力危机，给加沙地带的巴勒斯坦人的日常生活造成了极大的不便。

第七节　司法机关

巴勒斯坦民族权力机构拥有通过独立的司法系统执行审判的权力。自治后，民族权力机构颁布了一系列法令，建立了司法制度和各级司法机构。1995年第5号法令规定，约旦河西岸和加沙地带1994年5月19日之前有效的法令文件规定的所有权力都移交给巴勒斯坦民族权力机构。

（一）司法制度

约旦河西岸和加沙地带设有两级法院，实行两审终审制度，一个案件经过两级法院审判就宣告终结。第一审法院包括调解法院、刑事法院、中央法院和初级法院的初审业务。第二审法院包括上诉法院、中央法院、初级法院和最高法院的上诉业务，受理对初审法院的上诉，陪审团通常由3名法官组成，负责修正初审法院的错误判决。根据1947年调解法院程序法规定，除非中央法院特别许可；诉讼标的低于20埃镑的小额权利案件不得上诉。

（二）司法机构

巴勒斯坦司法机构分为民事法院、非民事法院、军事法院/国家安全法院、检察院四类。

1. **民事法院**

民事法院包括最高法院、调解法院、初级法院、中央法院、刑事法院和上诉法院。

2. **非民事法院**

非民事法院分为伊斯兰法院和宗教法院。

伊斯兰法院根据伊斯兰教法受理有关穆斯林个人身份及法律允许的其他案件，实施两级诉讼制度。一级法院广泛分布于约旦河西岸，而加沙地带只有一个伊斯兰法院，位于加沙城，但可以在罕尤尼斯城设立法庭。在耶路撒冷和加沙城还各有一个二级法院。一级法院陪审团有1名教/法官，二级法院则包括3名教/法官。伊斯兰法院不受最高法院管辖，其判决不得上诉。

宗教法院分为犹太教法院和基督教法院。犹太教法院称为剌鼻法庭，只受理涉及犹太教徒的宗教案件。随着以色列的建立，约旦河西岸和加沙地带叠此类法院实际上已经取消。

目前约旦河西岸和加沙地带还存在基督教法院，这类法院只受理涉及基督教徒的宗教案件，实行两级诉讼制度，二级法院判决为最终判决。

3. **军事法院/国家安全法院**

军事法院根据巴解组织1979年颁布的巴勒斯坦革命程序法和革命刑事法行使司法权，负责审理安全人员的犯罪和违纪行为，平民针对军队的犯罪行为。军事司法系统由最高军事法官掌握，有专门的军事法官和军事检察院，完全独立于民事司法制度。

国家安全法院：巴勒斯坦民族权力机构成立了小型国家安全法庭和最高国家安全法院。最高国家安全法院根据巴勒斯坦民族权力机构1995年2月颁布的主席令成立，负责审理有关国家安全的国内外犯罪。每次审理案件都需要有民族权力机构主席的命令，由1名担任主席的文职人员和2名军事法官组成法庭，判决由民族权力机构主席批准。

4. 检察院

检察院的职责是决定和进行各种起诉，代表执行机关面对司法机关、监管司法纪律和监狱。由于加沙地带与约旦河西岸在自治之前实行不同的法律制度，两地检察院的构成和职能并不相同。巴勒斯坦民族权力机构1995年颁布的第287号法令，统一了两地的检察院制度。设最高检察院1个，由总检察长、数名副检察长和检察官组成，下设5个检察分院和10个总起诉庭。

第四章　军事

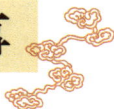

巴勒斯坦解放组织军事最高决策机构为巴解执委会军事部，巴解执委会主席、巴勒斯坦国总统、革命武装力量总司令任军事部主任。武装力量有陆军、空军及一些游击队组织。

1964 年，巴勒斯坦解放组织宣布成立，并组建了巴勒斯坦解放军，通过了主张军事对抗犹太国的宪章。80 年代中期，巴勒斯坦人民开始在被占领土展开反对以色列占领的大规模起义。1988 年 11 月 15 日，巴勒斯坦全国委员会在阿尔及利亚举行第 19 次特别会议，会议通过《独立宣言》，宣布接受联合国第 181 号决议，建立独立的巴勒斯坦国，定都耶路撒冷。由于没有自己的国土，巴勒斯坦国仍不是一个真正意义上的国家。

"9·11"事件后，美国、英国相继表示支持建立独立的巴勒斯坦国。布什 11 月 10 日在联合国发言，称美国正为实现巴勒斯坦和以色列两个国家和平相处而努力，首次运用了"巴勒斯坦国"（Palestine）一词，以前美国官方只称其为"巴勒斯坦国家"（Palestinianstate）。15 日，巴民族权力机构主席阿拉法特在纪念《独立宣言》发表 13 周年致辞时指出，他将继续致力于"巴以两个国家"实现最终和平。以色列外长佩雷斯也在联合国大会上表示支持巴勒斯坦建国。但以色列坚持未来的巴勒斯坦国应是一个非军事化国家，不能拥有军队，只能保留警察部队；对外边境口岸由以色列控制；不能同以色列的敌对国家签署协议；以色列有权飞越巴领空。

第一节　安全体制

根据《原则宣言》规定，巴勒斯坦警察部队是巴勒斯坦自治区唯一的最高的国家安全机构，协议确定巴勒斯坦人首先在加沙和约旦河西岸的杰里科地区实行自治，巴自治政府可组建自己的警察部队以维持自治区内部治安，人数规定为3.5万人。所有其他安全部门都应在他的统一指挥下采取行动。根据巴以之间达成的有关协议，巴勒斯坦截止到2018年还没有军队，其军事力量主要是两支警察部队，一支维持巴自治区内的治安，另一支在自治区边上行使军队的职能，共16 000人。

巴勒斯坦警察部队有两个总部，分别位于约旦河西岸和加沙地带，各自独立运作，下设9个行政部门，分别负责培训、后勤、通信、财政及政治行动等。巴勒斯坦警察部队下辖国家安全部队、民事警察部队、预警部队、情报总局、军事情报部部队、军事警察部队、海岸警卫队、空中警察部队、民防部队和地方警卫队等10个分支部门。

根据《约旦河西岸和加沙地带过渡协议》规定，巴勒斯坦安全机构只能在巴勒斯坦人拥有完全自治的"A区"活动。在巴勒斯坦拥有非军事权力的"B区"，公共秩序由巴勒斯坦民事警察部队负责维持，而保护以色列公民及遏制恐怖活动的责任全部由以色列承担。"C区"则由以色列方面承担维护安全与公共秩序的全部责任。

第二节　主要武装力量

❖ 一、警察部队

巴勒斯坦警察部队下辖10个分支机构。

（一）国家安全部队

国家安全部队是巴勒斯坦规模最大的安全机构，约有1.4万官兵，装备 AK 突击步枪。

（二）民事警察部队

民事警察部队是巴勒斯坦民族权力机构中主要的法律强制工具，行使普通警察的一般性职能，负责维持法律和秩序，如抓捕罪犯、指挥交通以及维护公共秩序等。

（三）预警部队

预警部队是一支便衣警察部队，也是巴勒斯坦民族权力机构最大的情报组织，主要负责防范恐怖分子和内部反对派组织的行动，同时也负责在以色列境内搜集情报。

（四）情报总局

情报总局负责在巴勒斯坦领土内外从事情报搜集、反间谍以及与外国的情报机构建立联系等工作。

（五）军事情报部队

军事情报部队是规模较小的情报部门，是一个预防性机构，主要负责抓捕和审讯对巴勒斯坦政权构成威胁的反对派分子，同时也负责对民族权力机构中情报与安全部门的非法活动进行监督和调查。

（六）军事警察部队

军事警察部队隶属于军事情报部队，主要负责控制暴乱，逮捕罪犯，保护重要人物和重要设施，维护监狱安全，在各安全机构之间维持纪律和秩序等。

（七）海岸警卫队

海岸警卫队的主要职责是保卫巴勒斯坦领海水域的航道安全，打击来自邻国的毒品走私者，主要部署在加沙地带。

（八）航空警察部队

航空警察部队主要负责运送巴勒斯坦政要，还未发展组建起来。

（九）民防部队

民防部队包括消防部门和救援机构，负责在危急状态下和其他民事机构协调配合行动。在平常状态下，负责对民众进行急救和救援方面的培训。

（十）地方警卫队

地方警卫队负责地方官员及其搬动地点的安全保卫工作。此外，还负责召集民众对政府进行质询，就地方发生的纠纷案要求政府帮助解决。

二、特别安全部队和总统安全部队

（一）特别安全部队

特别安全部队成立于1995年1月，该部队负责搜集有关在国外，特别是在阿拉伯国家活动的反政府力量的情报。实际上，该部队主要负责发现颠覆巴勒斯坦民族权力机构的内部活动，搜集其他安全部门有可能威胁阿拉法特政权的情报。此外，该部队还向阿拉法特提供有关官员腐败和从事非法活动的情报。

（二）总统安全部队

总统安全部队是巴勒斯坦武装力量中最为精锐的一支部队，约有3 000人，大部分是阿拉法特在巴解组织时期的特别护卫人员，是阿拉法特最为中心的核心安全力量，曾多次挫败针对阿拉法特的暗杀图谋。根据《约旦河西岸和加沙地带过渡协议》规定，该部队属于巴勒斯坦警察部队。总统安全部队主要负责阿拉法特及其他重要政治任务和重要设施的安全保卫工作。此外，还负责逮捕反对派及有通敌嫌疑的分子。下设有对内情报部门，主要任务是搜集有关反对派的活动情报及其他有关内部威胁的情报。

三、准军事部队

巴勒斯坦目前有三支准军事部队，隶属于法塔赫的"阿克萨旅"（Al-Aqsa Brigades）和"坦奇姆"（Tanzim），以及隶属于哈马斯的"喀萨姆支队"（Izz ad-Din al-Qassam Brigades）。

（一）阿克萨烈士旅

阿克萨旅成立于2000年9月阿克萨起义爆发后，是由年轻、激进的坦奇姆成员在约旦河西岸城市纳布卢斯的巴拉塔难民营成立的。它是一个灵活的准军事组织，没有统一的指挥首脑，各地区的组织相对独立，直接负责袭击活动。设有军事和安全两个平行部分，由军事部直接负责袭击活动，其宗旨是用武力将以色列赶出加沙地带和约旦河西岸地区，建立一个独立的巴勒斯坦国，坚持以武装斗争的形式取得最后胜利。在成立初期，他们的主要袭击目标是以色列士兵和犹太人定居点的定居者。从2002年初开始逐步走上进行自杀式爆炸活动的道路，并首先招募巴勒斯坦妇女"人弹"进行自杀式爆炸袭击，开了招募女人弹的先例。2002年，被美国列入"恐怖组织"名单。

（二）喀萨姆支队

1991年，哈马斯的军事分支喀萨姆支队正式成立，以一名在1935年被英国人杀死的巴勒斯坦人喀萨姆（Al Sheikh Izz ad-Din al-Qassam）的名字命名。1991年之前，军事派别以不同的名字命名，并在以色列和巴勒斯坦领土上对以色列的目标进行了多次袭击，其中包括两名以色列士兵。该旅坚持解放巴勒斯坦的原则，建立一个"从地中海到约旦河"的"伊斯兰国家"。

第三节　装备与训练

一、装备

巴武装力量的主要武器是AK系列自动步枪、装甲车、火炮和导弹等。没有大炮，但有一些装甲运兵车；巴武装力量也没有空军，仅有的几架飞机是用来供领导人出访和救援用的，人数为几百人的海军只有几艘炮艇，因而仅有象征意义。巴勒斯坦民族解放军是巴勒斯坦解放组织的实际军事部门，其部队处于以色列的严密监视下。

二、人员招募和训练

巴勒斯坦各个安全机构单独负责招募和培训本机构人员。加沙地带和约旦河西岸建有训练基地，埃及、伊朗等国为巴勒斯坦部分武装组织提供军事培训和指导。

第五章　文化

巴勒斯坦在人类文明的发展历程中扮演着重要角色。在历史的长河中，巴勒斯坦地区安定的社会环境、兴盛的文化和宗教，使其成为多元文化思想交流的集聚地。悠久的历史传统、丰富的文化遗产和世界三大一神教（犹太教、基督教、伊斯兰教）的圣地，将巴勒斯坦塑造成为一个独特的世界文化中心地。对巴勒斯坦人而言，文化的多样性被视为精神财富的源泉，先辈留下的文化遗产是这片土地保持活力的持久动力。

第一节　语言文字

巴勒斯坦的官方语言是阿拉伯语，属闪含语系闪米特语族。约7世纪时随着伊斯兰教的传播和阿拉伯帝国的扩张，阿拉伯语传入巴勒斯坦地区。阿拉伯语是由28个辅音字母和12个发音符号（不包括叠音符）组成的拼音文字，以多顶音和喉音为其特色。书写顺序从右往左横行书写，翻阅顺序也是自右向左。阿拉伯字母无大写和小写之分，但有手写体、印刷体和艺术体之别。书写时，每个字母均有单写与连写的区别。巴勒斯坦阿拉伯语内部又分为城市巴勒斯坦阿拉伯语、农村巴勒斯坦阿拉伯语和贝都因巴勒斯坦阿拉伯语三种方言，它们在发音上有一定的区别。

巴勒斯坦的犹太人定居者和许多巴勒斯坦人也讲希伯来语。英语是巴勒斯坦使用最为广泛的外语，各类学校都开设英语教学课程。

第二节　文学

一、诗歌

巴勒斯坦的文学成就以诗歌最具代表性，依据发展特点可划分为以下三个阶段。

1865—1918 年奥斯曼帝国统治末期，属于诗歌发展的萌芽期。题材以宗教文化为主，广泛歌颂赞誉宗教人物、穆斯林学者和统治者苏丹。代表诗人有伊尔亚斯·穆尔木拉、艾布·伊格白尔·亚喀比等。

1919—1922 年奥斯曼帝国瓦解，巴勒斯坦沦为英国的殖民地。这一阶段的诗歌开始与现实生活紧密相连，殖民主义、犹太复国主义、自由抗争等都成为重要题材。代表诗人有法德娃·图肯、伊沙夫·纳沙希比、阿卜杜·卡里姆·卡拉米、易卜拉欣·图肯、阿卡杜·拉希姆·马哈茂德等。

1948 年之后，按照联合国第 181 号决议，以色列正式建国，随后的五次中东战争迫使大批巴勒斯坦人离开故土，流散到其他阿拉伯国家或移居海外。这一阶段的诗歌具有强烈的战斗精神，鼓励人民勇敢地投入到民族解放运动之中，如巴勒斯坦国歌的作词者赛义德·莫扎扬（Said Al Mozayen）的作品。流亡在外的巴勒斯坦诗人的作品，还带有浓郁的思乡之情。

这一阶段最具世界影响力的巴勒斯坦诗人当属马哈茂德·达尔维什（Mahmoud Darwich，1941—2008），他被誉为当代巴勒斯坦最伟大的"民族诗人"、"抵抗诗人"和"巴勒斯坦民族事业的代言人"，他的诗歌被称赞为巴勒斯坦最真挚动人的声音。从小颠沛流离的生活成为他创作的源泉，他用诗歌的形式抒发对祖国的热爱，描绘失去家园的巴勒斯坦人内心世界的复杂情绪，呼唤巴勒斯坦人的民族认同感，鼓励人民为独立和自由而抗争。达尔维什一生中共出版了 20 余部诗歌集和散文集，代表作有《无翼鸟》（*Wingless Birds*）、《橄榄叶》（*Leaves of Olives*）、《巴勒斯坦情人》（*A Lover from Palestine*）、《我的爱人苏醒》（*My beloved Awakens*）、《加利利的小鸟奄奄一息》（*Birds are Dy-*

ing in Galilee)、《你为何置马匹不管》(*Why Did You Leave the Horse Alone?*)、《陌生人的床榻》(*Bed of a Stranger*)、《蝴蝶的重担》(*The Butterfly's Burden*) 等。其作品多次获得国际大奖，已被翻译为几十种语言，不少诗歌被谱成歌曲，在阿拉伯民众中间广为传唱。达尔维什也是著名的政治活动家，参与了1988年巴勒斯坦《独立宣言》的起草，阿拉法特将其称作"巴勒斯坦的情人"，赞扬他"用笔为争取巴勒斯坦的自由和独立而战，是巴勒斯坦正义事业的代表和象征"。2008年达尔维什因心脏手术失败而与世长辞。

🌸 二、小说

格桑·卡纳法尼（Ghassan Kanafani，1936—1972），巴勒斯坦最伟大的小说家之一，现代巴勒斯坦小说的开创者、"抵抗文学"的先驱者。其代表作有长篇小说《阳光下的人们》(*Men in the Sun*)、《巴勒斯坦的孩子：重返海法》(*Palestine's Children: Returning to Haifa*) 等；短篇小说《死榻》(*Death of Bed*)、《悲伤橙子的故土》(*Land of Sad Oranges*)、《失窃的衬衫》(*The Stolen Shirt*) 等；戏剧作品《通往永恒的桥梁》(*A Bridge to Eternity*)、《门》(*The Door*)、《帽子和先知》(*The Hat and the Prophet*)；研究著作《1948—1968年被占领区的巴勒斯坦抵抗文学》(*Palestinian Literature of Resistance Under Occupation* 1948–1968)、《犹太复国主义文学》(*In Zionist Literature*) 等。卡纳法尼也是巴勒斯坦人民解放阵线的领导人之一，1972年被以色列摩萨德暗杀。

巴勒斯坦著名小说家拉沙德·阿布·沙维尔（Rashad Abu Shawir）的代表作有小说《绿瓦房》《巴勒斯坦事业》《生与死的日子》；报告文学《巴勒斯坦解放组织联合起来》；戏剧《巴勒斯坦之梦》《局外人和当政者》等。贾马尔·纳吉（Jamal Naji）的《当狼老去》(*When the Wolves Grow Old*)、叶海亚·雅利夫（Yahya Yakhlif）的代表作《风中之湖》(*A Lake Beyond the Wind*)、胡扎马·哈巴耶布（Huzama Habayeb）的《爱之初》(*The Origin of Love*) 等都是巴勒斯坦著名的小说。

第三节 艺术

❀ 一、音乐

巴勒斯坦音乐是阿拉伯音乐的分支，二者在音律、结构、乐器上有很多共同之处，但前者在歌词主题和韵律上也有自身鲜明的特征。巴勒斯坦的音乐反映了巴勒斯坦民众的生活。

（一）传统音乐

与其他文化不同的是，巴勒斯坦传统音乐更多的只是一种节奏和韵律，很少有固定歌词。歌手通常由家人或朋友组成，自由谱词，共同弹唱。如今，传统音乐在巴勒斯坦仍十分常见，尤其在婚礼、聚会等场合。

最流行的歌唱形式是塔巴（Ataaba），生活在农村或郊区的巴勒斯坦农民、牧民在钓鱼、牧羊、收割之际，经常吟唱这类歌曲，音乐家和作者也将其称作扎亚利恩（Zajaleen），意思是史诗般的故事。达尔欧纳（Dal'ona）和沙赫亚（Sahja）也比较常见，前者一般与传统舞蹈达巴克（Dabke，即踢踏舞）配合一同演奏，后者多在婚礼上作为配乐。

1948年之后创作的巴勒斯坦音乐，大都以反对以色列的占领、表现对和平的渴望、表达对故土的留恋和爱为主题。典型的歌曲有激扬慷慨、气势磅礴的《巴勒斯坦解放组织之歌》，该进行曲表现了巴勒斯坦人英勇顽强的战斗意志和献身精神；巴勒斯坦诗人赛义德·穆扎因作词、埃及音乐家阿里·伊斯梅尔谱曲的巴勒斯坦国歌《自由战士》（Fida'i），夹杂了巴勒斯坦阿拉伯人的民族自豪感和民族奋进的元素，处处流露出民族团结的感情；《我的国家，我的国家》（Baladi, Baladi），被视为非官方的巴勒斯坦国歌。

（二）流行音乐

流行音乐的类型多种多样，最典型的是嘻哈音乐（hip-hop）。20世纪70年代首次出现在纽约和洛杉矶，流散在外的巴勒斯坦青年人创作此类风格的音乐来表达对生活、工作、社会和政治环境的不满。

20世纪90年代，说唱以一种新的音乐流派开始在巴勒斯坦青年中间流行，其融合了阿拉伯音乐的旋律和西方音乐的节拍，歌词也混搭阿拉伯语、英语和希伯来语。

DAM组合是说唱音乐的先锋者，他们力图用音乐的形式改变人们对巴勒斯坦人和阿拉伯人固有的刻板影响，代表唱片有2006发行的《奉献》（*Ihda'*）和2012年发行的《月亮之上的踢踏舞》（*Dabke on the Moon*）。

拉姆安拉组合（Ramallah Undergroup）由斯特罗姆特拉普（Stromtrap）、布伊库特（Boikutt）、阿斯瓦特（Aswatt）3人组成，目标是"通过创作能引发阿拉伯青年共鸣的音乐来复兴阿拉伯文化"，他们作品中的混合有说唱、街舞和阿拉伯音乐。

此外，还有许多单独的流行说唱歌手，如以捍卫巴勒斯坦民族主义而著名的奥尔特加·阿尔兹（Ortega Da ALCz），因其歌曲中充满战斗性和敌视以色列的色彩，2012年引发以色列媒体的广泛关注。还有部分流散的巴勒斯坦人组建的说唱组合，如埃及开罗的阿布·加本兄弟（Abu-Ghaben Brothers），他们的作品中融合了音乐、说唱、爵士、DJ技术和朋克等各类元素。

✿ 二、舞蹈

巴勒斯坦最流行的舞蹈是阿拉伯民俗舞蹈达巴克（Dabke，踢踏舞），阿拉伯语的意思是"跺脚发出响声"，常见于家庭欢聚、婚礼、节假日庆典等活动上。达巴克以舞蹈表演和音乐演奏相结合的形式，保护、传扬巴勒斯坦传统文化，讲述巴勒斯坦人民的生活。

最常见的达巴克有以下几种形式：沙玛利亚（Al-Shamaliyya），最流行的舞蹈艺术；沙里威亚（Al-Sha'rawiyya），舞蹈者仅限男性，以强有力的舞步为重要特点；卡拉迪亚（Al-Karaadiyya），歌曲演奏和舞蹈相结合的表演形式，一般情况下，演奏者站在中间，舞蹈者围成一个圆形，缓慢移动舞步；法拉赫（Al-Farah），最活跃、最高强度的舞蹈类型，表演者需要良好的身体素质；加扎勒（Al-Ghazal），特点是以右脚强有力地跺三下为主要节拍；流行于巴勒斯坦北部和中部的沙哈加（Al-Sahja），以及南部流行的沙米尔（As-Samir）和达西亚（Al-Dahiyya）。

埃尔弗农（El-Funoun）是巴勒斯坦的一个独立的、非营利性质的艺术舞蹈团。1979年由一些满腔热血、有才能的艺术家志愿者创立，旨在通过将传统的舞蹈和音乐重新编排组合，以独特的视觉来表达和传递阿拉伯–巴勒斯坦民俗精神与当代文化。埃尔弗农举办过上千场国内和国际演出，曾获得多个奖项与证书，被誉为"巴勒斯坦舞蹈团的领头羊"，在振兴和传扬巴勒斯坦民俗舞蹈和音乐方面扮演着十分重要的角色。

三、其他主要文化指标

据巴勒斯坦中央统计局的数据显示，[①]2015年巴勒斯坦共有642个开放的文化机构，包括596个文化中心、31个博物馆、21家剧院和3家电影院等，其中86%的文化机构分布在约旦河西岸。

---

① Palestinian Central Bureau of Statistics, "Palestine in Figures 2016", March 2017, pp.33-34, http://www.pcbs.gov.ps/Downloads/book2261.pdf, 登录日期：2017年5月3日。

第六章　社会

第一节　人口与民族

一、人口

　　据巴勒斯坦中央统计局的数据显示，截至2017年，巴勒斯坦的总人口约为495.22万，其中300.88万人居住在约旦河西岸，194.34万人居住在加沙地带。巴勒斯坦总人口增长率为2.8%，其中约旦河西岸的人口增长率为2.5%，加沙地带的人口增长率为3.3%。[1]在约旦河西岸，纳布卢斯和希伯伦的人口密度最大。在加沙地带，以加沙、汉尤尼斯和拉法的人口最多。此外，约旦河西岸约有39.10万以色列犹太人定居者（2016年），东耶路撒冷约有20.12万以色列犹太人定居者（2014年）。[2]巴勒斯坦的人口结构非常年轻，截至2017年，14岁以下人口占38.9%，15～29岁的人口为29.7%，60岁以上的人口仅占4.6%。[3]这种年轻化的人口结构给巴勒斯坦的教育和就业等带来巨大压力。

---

[1] Palestinian Central Bureau of Statistics: http://www.pcbs.gov.ps/site/881/default.aspx#Population, 登录日期：2017年5月4日。

[2] Central Intelligence Agency: https://www.cia.gov/library/publications/the-world-factbook/geos/we.html, 登录日期：2017年5月4日。

[3] Palestinian Central Bureau of Statistics: http://www.pcbs.gov.ps/site/881/default.aspx#Population, 登录日期：2017年5月4日。

除约旦河西岸和加沙地带的居民外，巴勒斯坦难民也是巴勒斯坦人口的重要组成部分。所谓巴勒斯坦难民，是指1946年6月1日至1948年5月15日期间正常居住在巴勒斯坦，但由于1948年和1967年两次战争被迫失去家庭和固定生活方式的巴勒斯坦人。据联合国近东巴勒斯坦难民救济和工程处（United Nations Relief and Works Agency for Palestine Refugees in the Near East, UNRWA）统计数据显示，截至2015年初巴勒斯坦难民登记人数达到558.95万人，其中约92.13%的难民生活在约旦、黎巴嫩、叙利亚、约旦河西岸和加沙地带等巴勒斯坦难民营中，具体分布情况如表6-1所示。

表6-1 2015年巴勒斯坦难民情况统计表

国家和地区	难民人数 （单位：万）	官方难民营数量 （单位：个）	难民人数增长率 （单位：%）
约旦	221.29	10	2.7
黎巴嫩	49.31	12	2
叙利亚	59.18	9	3.9
约旦河西岸	94.22	19	3
加沙地带	134.95	8	3
合计	558.95	58	3

数据来源：United Nations Relief and Works Agency for Palestine Refugees in the Near East：https://www.unrwa.org/sites/default/files/unrwa_in_figures_2015.pdf，登录日期：2017年3月10日。

巴勒斯坦难民营内部设有基础教育学校、基本医疗保健中心和社会服务部门等公共机构，以及紧急救济、社会安全网及其他社会干预措施、小额供资和住房等基础设施资助，但整体面临社会经济条件差、人口密度高、居住环境狭窄及基本生活设施不完善等状况。

❀ 二、民族

巴勒斯坦阿拉伯人是巴勒斯坦的主体民族，约占83%，犹太人占17%。巴勒斯坦阿拉伯人是古代迦南人、腓尼基人和其他古代居民混血的后裔，7世纪之后，随着伊斯兰教的复兴，阿拉伯人逐渐进入巴勒斯坦地区，并与当地居民融合，形成了当今的巴勒斯坦阿拉伯人。其属于欧罗巴人种印度–地中海类型，具有长头形，波状发，肤色、眼色和发色较深，高而窄的长鼻，窄长形面部等外部特征。

第二节　宗教

❖ 一、宗教概况

93%的巴勒斯坦人信仰伊斯兰教，据皮尤调查报告显示，巴勒斯坦逊尼派占85%，无宗派穆斯林15%。[1]在巴勒斯坦，还有很小的一部分德鲁兹派，其属于什叶派伊斯玛仪派的一个分支。据巴勒斯坦中央统计局数据显示，2015年巴勒斯坦共有2 924座清真寺，其中21.07%的清真寺位于希伯伦。[2]

巴勒斯坦人中约有6%的基督徒，大都属于东正教，即5世纪产生于巴勒斯坦的耶路撒冷正教会。当前，这一比例逐渐降低。据美国中央情报局统计数据显示，截至2012年，巴勒斯坦的基督徒人数仅占1%～2.5%。[3]这一方面是由于穆斯林高出生率和基督徒低出生率形成的明显差异所造成的；另一方面，基督徒向国外移民，也是巴勒斯坦基督徒比例降低的重要因素。自从以色列建国后，基督徒和穆斯林同为被犹太人打击和排挤的对象，因此部分巴勒斯坦的基督徒移民至美国、中美洲和欧洲。虽然绝大部分的巴勒斯坦人是穆斯林，但是在西

---

① Pew Research Center Religion & Public life，"The World's Muslims: Unity and Diversity"，August 2012, p.30,http://www.pewforum.org/2012/08/09/the-worlds-muslims-unity-and-diversity-1-religious-affiliation/#identity, 登录日期：2017年5月5日。

② Palestinian Central Bureau of Statistics，"Palestine in Figures 2016"，March 2017, p.34, http://www.pcbs.gov.ps/Downloads/book2261.pdf, 登录日期：2017年5月5日。

③ Central Intelligence Agency，"The World Factbook"，https://www.cia.gov/library/publications/the-world-factbook/geos/we.html, 登录日期：2017年5月5日。

方的许多巴勒斯坦裔的民众却是基督徒。

在约旦河西岸纳布卢斯还分布着极少量的撒马利亚人，他们属于犹太教的早期形态。此外，还有一小部分与圣城运动（Neturei Karta movement）相关的犹太人，他们反对基于宗教理由的犹太复国主义，他们也将自己称作巴勒斯坦人。

🌸 二、宗教功课

依据伊斯兰教规，每个穆斯林一生中需完成"五功"，即五大宗教义务或功修课程，巴勒斯坦的穆斯林也竭力履行念、拜、斋、课、朝"五功"。

念功：阿拉伯语"舍哈代"（a1-Shahadah）的意译，原意为"证词"。教法规定，"念"是五功之首，即赞念安拉，由内心诚信、口头承认和身体力行三部分组成。赞念诵词主要包括清真言和作证词，以此表明认识和承认安拉的独一性。

拜功：这是面向麦加克尔白做祈祷的一种宗教仪式。《古兰经》中说道："拜功对于信士，确是定时的义务"（4：103），"故你应当为你的主而礼拜"（108：2），因此穆斯林每日做晨礼、晌礼、晡礼、昏礼、宵礼5次礼拜，属于主命拜。每周五主麻日的聚礼和重大节日的会礼，穆斯林则会前往清真寺集体礼拜，部分清真寺有专门为女性开设的场所。

斋功：《古兰经》中说："赖买丹月中，开始降示《古兰经》……故在此月中，你们应当斋戒；害病或旅行的人，当依所缺的日数补斋"（2：185），因此每年伊斯兰教历9月穆斯林需要全月封斋，从黎明至日落之间，禁食任何食物、饮料，禁止谈论是非之事，日落礼拜后方可进食。

课功：阿拉伯语"宰卡特"的意译，原意为"纯净"，指穆斯林通过缴纳天课的方式来使自己占有的财产更为洁净。伊斯兰教法规定，凡是穆斯林的资产超过一定限额时，应该按照不同的税率缴纳天课。天课用于施济"贫穷者、赤贫者、管理赈务者、心被团结者、无力赎身者、不能还债者、为主道工作者、途中穷困者"（9：60）。

朝功：阿拉伯语称为"哈吉"（Haji），原意是"向着崇高的事业"，指穆斯林朝觐麦加克尔白天房，以及在米那山谷、阿拉法特山等地进行的一系列朝觐特定礼仪活动的总称。每个穆斯林，不分性别，只要有条件（身体健康、资金具备、旅途安全等），"人人都有为真主而朝觐天房的义务"（3∶97）。

三、宗教学者

沙斐仪（767—820）：古莱氏人，767年出生于加沙，生活在阿拔斯王朝国力强盛、经济繁荣和社会稳定的鼎盛时期。沙斐仪是伊斯兰教逊尼派公认的四大教法学派之一沙斐仪学派（折衷派）的创始人，该学派认为在立法中，应以《古兰经》为主要依据，兼重《圣训》和类比，当前主要流行于埃及、叙利亚、伊拉克、巴勒斯坦、东南亚等地。沙斐仪一生著作颇多，且题材广泛、内容丰富。他最著名的著作是《法源论纲》（*Risalah*），这是伊斯兰教历史上第一部系统和严谨地论述教法原理、教法渊源的专著。该著作正式提出了四大法律渊源学说，并确定了它们之间的等级关系，构筑了伊斯兰教法的理论体系，在伊斯兰教法领域享有很高的地位，被称为教法学的里程碑，沙斐仪本人也被赞誉为"伊斯兰教法学之父（泰斗）"。

四、宗教节日

93%的巴勒斯坦人信仰伊斯兰教，与世界其他地区的穆斯林一样，巴勒斯坦穆斯林最盛大的宗教节日是开斋节和宰牲节。

（一）开斋节

开斋节是阿拉伯语"尔德·菲图尔"（Id al-Fitr）的意译。穆斯林在每年的伊斯兰教历9月都会封一个月的斋戒，在这一个月内，除了患病者、孕妇、经期女子和作战士兵等少数人外，每个成年穆斯林每日从黎明至日落之间，禁止吃饭、喝水、吸烟，禁止谈论是非之事，禁止娱乐活动，且不能食色。穆斯林坚信，在莱麦丹月（Ramadan）真主将《古兰经》颁降到离人间最近的一层天上，所以这个月份对于穆斯林来说十分神圣。斋戒期满，即伊斯兰教历10月1日就是一年一度最隆重的节日之一的开斋节。这一天，穆斯林穿上节日盛装，前往清真寺做礼拜，祈求真主的赐福与护佑。礼拜之后，人们互相握手祝贺，并探望和走访亲友。

（二）宰牲节

宰牲节是阿拉伯语"尔德·艾祖哈"（Id al-Azhā）的意译，中国称"古尔邦节"。每年伊斯兰教历12月10日举行，为期3天。这一节日来自广为流传的宗教故事，相传安拉命令先知易卜拉欣宰杀其子伊斯玛仪用以献祭，此举的目的在于考验易卜拉欣对安拉的忠诚。易卜拉欣顺从了这一命令，将儿子带到麦加圣城郊外的米那山谷准备献祭。三次宰杀都未能成功，后安拉派遣天仙将一头羊作为祭品取代了伊斯玛仪，以表彰易卜拉欣对真主的忠诚和伊斯玛仪对父亲的孝顺。从此宰牲节便成为穆斯林最为盛大的节日之一。每到这一天清晨，巴勒斯坦的穆斯林都会沐浴盛装，举行会礼。礼拜完毕后，穆斯林邀请阿訇为自家宰牲，并用羊肉招待亲朋好友，且互相馈赠以示纪念。

此外，每年伊斯兰教历3月12日纪念先知穆罕默德诞辰和归真的"圣纪"、6月15日纪念法蒂玛的"姑太节"、7月27日的"登宵节"、斋月第27晚的"盖德尔夜"等也是伊斯兰教重要的节日，届时穆斯林会穿戴整齐，前往清真寺礼拜、祈祷、诵经，讲述穆罕默德的生平事迹与《古兰经》的启示。

（三）圣诞节

对于巴勒斯坦的基督徒，最盛大的节日是每年12月25日为纪念耶稣基督降临所设立的圣诞节。位于约旦河西岸的基督教圣城伯利恒被看作耶稣的诞生地，每年圣诞来临之际，此地都会迎来数万名来自世界各地的基督徒和游客。圣诞教堂内会举办隆重的圣诞弥撒。在教堂北侧的马槽广场上，来自巴勒斯坦各地教会的唱诗班会轮流登台表演，也会举行盛大的圣诞树亮灯仪式，除庆祝之外，圣诞节也被大多数的巴勒斯坦人视为团结和希望的标志。寄送圣诞贺卡、装扮圣诞树、佩戴圣诞帽、参加圣诞派对也是节日的主要活动。

每年的棕榈主日（Palm Sunday）、复活节、节礼日，巴勒斯坦的基督徒也会举行纪念耶稣的活动。

第三节　传统风俗

一、饮食文化

巴勒斯坦的饮食文化习惯与黎巴嫩、叙利亚、约旦和埃及等阿拉伯国家较为相近。巴勒斯坦人的饮食内容和制作方法反映了其经济状况、生活习惯、民族习俗和宗教特点。伊斯兰教关于饮食合法（Ha-lal，哈拉里）与非法（Haram，哈拉目）的规定都来自伊斯兰教法，而伊斯兰教法来源于《古兰经》、圣训、类比和公议。《古兰经》说："众人啊！你们可以吃大地上所有的合法而且佳美的食物"（2：168），牛、羊、驼、鸽子、鹌鹑、鸡、鸭、鱼、虾等都属于合法食物。《古兰经》中也规定了禁食的食物："禁止你们吃自死物、血液、猪肉，以及诵非真主之名而宰杀的、勒死的、捶死的、跌死的、觝死的、野兽吃剩的动物，但宰后才死的，仍然可吃"（5：3），除此之外，伊斯兰教还禁食生性凶残的食肉动物。

（一）地域菜系

巴勒斯坦的饮食统属于地中海东部菜系，但因气候、地理位置、饮食传统的不同，其烹饪风格和使用原料形成地域特点。主要分为加利利菜系、约旦河西岸菜系和加沙地带菜系，但居民的饮食习惯较为相近。

1. 加利利菜系

加利利菜系与黎巴嫩菜系接近，以干小麦和牛羊肉作为主食。特色食品是用碾碎的干小麦、肉、香料制成的库拜兴尼耶（Kubbi bi-siniyee），即大盘烤糕。烤羊肉串也深受当地民众的喜爱。

2. 约旦河西岸菜系

约旦河西岸的菜系以米饭、烤肉、鱼类、海鲜类和小扁豆为主。馕包肉是北部的主食，曼萨夫是南部的主食。

3. 加沙地带菜系

加沙地带菜系与叙利亚、黎巴嫩等国家的菜系一样，受地中海沿岸的影响，更多地食用海鲜、香料和辣椒。因渔业发达，居民餐桌上最普遍的食物是鱼肉，常见的做法是在鱼腹中塞满香菜、大蒜、红辣椒、小茴香烧烤或油煎，最后再淋上柠檬汁、撒上孜然粉。其他类型的海鲜饭也很流行，如虾、蒜、辣椒、西红柿做成的煲菜，螃蟹煮熟后填满红辣酱而成的蟹饭。使用羊肉或牛肉、大蒜、面粉制作的赛麻庚耶（Sumaghiyyeh）是加沙的本地菜。

（二）食物种类

1. 主食

莫萨汗（Musakhan）是巴勒斯坦最常见的主食，主要流行于耶路撒冷和约旦河西岸。它实为馕包肉，即在厚厚的馕上面铺一层用橄榄油炒熟的洋葱、松仁、藏红花和甜胡椒，还可以卷上烤鸡肉。

麦格鲁拜（Maqluba）译为扣饭，是巴勒斯坦中部流行的主食。它是在烧烤或炒熟的茄子、花椰菜、胡萝卜、鸡肉或羊肉上面铺上米饭，做熟之后，再将其翻过来盛在另外的碟子里，撒上松仁、腰果、开心果等坚果。

穆贾代然（Mujaddara）是约旦河西岸流行的主食。它是用橄榄油清炒小麦、绿扁豆等而成，最后撒上香菜用以点缀和调味。

曼萨夫（Mansaf）是约旦河西岸传统的菜肴，也是贝都因人的特色食品，大多在开斋节、出生礼或大型聚会上享用。它是将煮熟的羊肉铺在金黄的米饭上，再淋上奶酪酱赋予其独特的味道和口感，最后用熟松子和杏仁加以点缀。

2. 烤馕

巴勒斯坦有多种多样的烤馕（Taboon），还有各种类似于三明治的卷饼。

皮塔饼（Pita）又称作全麦中东包，是典型的地中海式饮食。

麦尔谷格（Markook）是一种很薄甚至接近透明的面饼。

麦纳哈什（Manaeesh）被称作"中东披萨"，主要当作早餐或午饭。因其表面会撒上麝香草粉、淋上橄榄油，所以也称作麝香草饼。

斯布赛（Simbose）和菲迪热（Fetire）是在烘烤或油炸的面包圈里塞满牛肉或熟松子，三餐都可以食用。

斯费哈（Sfiha）是在烤熟的面包上铺上羊肉、红辣椒、橄榄和西红柿，接近于烤肉饼。

沙瓦玛（Shawarma）被称作"中东三明治"，是在一个薄饼里面卷上鸡肉、羊肉、牛肉、洋葱、红辣椒、西红柿等食材，类似于烤肉卷，在加利利和约旦河西岸广为流行。

3. 沙拉

巴勒斯坦最流行的是西红柿沙拉（Salatat bandura）。以西红柿和黄瓜作为主要食材，配以橄榄油、荷兰芹、柠檬汁和盐。根据地域的不同，食谱中可能会添加葱和大蒜。

塔布勒沙拉（Tabbouleh）是一种地中海式沙拉，由荷兰芹、碾碎的干小麦、小块的西红柿、黄瓜与柠檬汁、醋搅拌而成。2006年世界最大碗塔勒布沙拉在拉姆安拉制作展出。

阿拉伯蔬菜沙拉（Fattoush）是由烘烤或煎制的皮塔饼与绿色蔬菜、西红柿混合而成的。

（三）甜点饮料

1. 甜点

巴勒斯坦最著名的甜品是由小麦粉做成的库纳法（Kanafeh）。其做法是把白面加水调成糊状，在平底锅上放好奶油，开火加热；再把调好的面糊放在锅里，均匀摇晃，振动勺把，使面糊从勺孔中下落成细丝，落在加热的平底锅上，将面丝煎至微脆，就制成了库纳法。

用蛋糕粉、奶油、芝士、蜂蜜、鸡蛋、绵砂糖、坚果等做成的巴克拉瓦果仁蜜饼（Baklawa）、哈尔瓦甜点心（Halwa）也是巴勒斯坦人十分喜爱的甜点。

2. 休闲食品

巴勒斯坦人最常见的待客之物是新鲜水果、坚果和水果干等。经过烘烤或腌制的西瓜子（Bizir al-bateekh）、南瓜子（Bizir abyad）、葵花子、开心果、腰果和芝麻球，也经常作为饭后闲谈、打牌休闲时的小吃。

糖果也深受巴勒斯坦人的喜爱，在露天市场或超市中都可以购买。纳布卢斯城中有阿拉伯世界著名的、历史悠久的糖果店。

3. 饮料

（1）软饮

软饮主要有可口可乐和自制新鲜果汁等。因约旦河西岸盛产葡萄和杏子，一种将果干浸泡之后添加柠檬汁和糖浆而成的杏汁冰饮（Qamar Eddine）、葫芦巴汁（Helba）、角豆汁（Kharnoub）、姜汁（Zanjabeel）、罗望子汁（Tamar Hindi）、石榴汁（Romman）等深受巴勒斯坦人的喜爱。萨赫拉卜（Sahlab）主要为冬季饮品，由热牛奶和兰茎粉熬制而成，再配以核桃、椰子片、肉桂作为点缀。玫瑰和薄荷也经常被添加到饮品当中。

（2）咖啡和茶

巴勒斯坦人通常饮用土耳其咖啡或阿拉伯咖啡，两者较为相似，但后者往往在咖啡中加入五香豆蔻，不添加糖，味道浓郁。盖哈沃萨代纯咖啡（Qahwah sadah）一般是待客之物，其饮用需遵守一定的礼节，即由主人或长子端着咖啡壶，从最长者或地位高的客人开始、自右向左依次倒满每个客人的小杯子。客人只能接受 3 杯，在最后一杯时说"达耶门"（daymen，阿拉伯语意为"经常""总是"），潜在含义是"祝你们家年年有余"，以示礼貌。咖啡馆（al-maqhah）提供热饮料和软饮料，但通常只限男性进入，里面还有棋牌、水烟等娱乐活动。

最普遍的茶水是红茶，里面经常加入薄荷或鼠尾草提味，经常在聚会期间或晚间饮用。

（3）酒水

中东亚力酒（Arak），又称作"狮子奶"，属于烈性酒，在巴勒斯坦的基督徒中间广为流行。有的"狮子奶"用椰枣、糖蜜酿制而成，更多的则是用葡萄发酵后加入茴香而成。饮用的时候需要加水或冰稀释，顿时由透明状变成乳白色。在婚礼、节日、聚会等特殊的日子很常见。

约旦河西岸中部的塔伊比赫镇（Taybeh）有为数不多的啤酒厂，啤酒在基督徒中间广泛流行。《古兰经》中明确规定，穆斯林不能喝含酒精的饮料，因此啤酒厂也为虔诚的穆斯林生产不含酒精的啤酒。

❀ 二、民俗文化

伊斯兰文化影响着巴勒斯坦人民的政治生活、经济生活、文化生活和日常习俗等各个领域，民族文化也深深地烙上了伊斯兰属性。

（一）服饰

巴勒斯坦男子的传统服装一般为阿拉伯大袍。节日庆典之际，男子通常身着白袍，表示吉祥如意；遇到丧事之时，男子一般身着黑袍，以示悼念。男子也通常戴白帽或缠头巾，阿拉伯语音译为"库非耶"（Keffiyeh）。缠头巾分白色和花色两种颜色。花色的缠头巾底色一般为白色，有黑、红、蓝、绿、紫格，自右向左包缠在头上。如今，城市居民的服装已经基本西化，男子在正式场合一般穿西服，年轻男子在非正式场合喜欢穿牛仔裤、夹克等休闲服饰。

巴勒斯坦女子大部分戴头巾，着伊斯兰传统服装，要求盖过手臂和腿部。女子的传统服装是大袍，肥袖宽腰，长垂到地。长袍上经常配有刺绣、编织结等装饰物。妇女的服饰颜色代表其所在的城市或是村庄，如白色代表拉姆安拉、黑色代表加沙地带。

（二）手工艺术

伊斯兰教禁止描绘人物和动物的形象，因此大多数巴勒斯坦人以植物、树叶、几何图案、阿拉伯文书法作为灵感的源泉，设计各种各样的艺术品。在耶路撒冷、伯利恒、拉姆安拉等旅游城市，工匠出售编织的地毯、挂毯、皮革制品、陶器、陶瓷罐等手工制品。用橄榄木和象牙制成的工艺品，如珠宝盒、《最后的晚餐》壁画仿制品、十字架和清真寺的挂件等在轻工业市场上也随处可见。

（三）风俗和仪式

1. 出生礼

在巴勒斯坦，新生儿的降生是一个特别欢乐的时刻。婴儿出生后的几周，亲戚、朋友、邻居都将前来探望新父母，给他们带去爱、支持和最美好的愿望。主人家里会准备传统的美食——由粗粒小麦粉、糖、肉桂粉、坚果制作成的糕（Mughli）、咖啡、茶招待客人。

对于巴勒斯坦的基督徒来说，孩子在7岁时举行的洗礼仪式也是一项十分重要的庆祝活动。巴勒斯坦的穆斯林家庭也会为孩子举行一个非正式的命名仪式或者传统习俗"阿各盖"（Aghighe，宰一只羊献给安拉，并将肉分享给穷人食用）来欢迎新生儿的到来。

2. 婚礼

在农村地区，婚礼一般是由新郎和新娘的父亲安排的。在较大的城镇和城市，年轻的男性和女性一般由家庭介绍认识，但在结婚之前，他们会花大量的时间去了解彼此。也有少数巴勒斯坦的中产阶级和上层阶级选择较为现代的恋爱方式，基于爱情选择自己的配偶。在外流散的巴勒斯坦人也会选择与有其他文化背景的外国人结婚。

巴勒斯坦的婚礼是一项神圣、重要的事情，通常会持续3天。婚礼一般在新郎的家中举行，整个村庄的人都会前来参加婚礼。新郎家里会宰羊来招待客人，并准备其他的菜肴、糖果，以及音乐和舞蹈的伴奏。在城市地区，婚礼的规模可能相对会小一些。

结婚之后，新婚夫妇一般会与新郎的父母住在一起。因为巴勒斯坦经济状况的不景气，使其无法承担较重的经济负担。巴勒斯坦的妇女也允许出外工作，不必独自在家照顾孩子和做家务。

3. 葬礼

葬礼也召集家人和亲戚，一起喝不加糖的苦咖啡来叙述逝者的生前事迹，且至少有40天的哀悼期。在这段时间里，妇女穿黑色的衣服，男士系黑色领带。有些寡妇或母亲会穿戴一年甚至三年的黑色衣服。巴勒斯坦的穆斯林和基督徒有着同样的传统。

❖ 三、价值观念

（一）浓厚的家庭团结观念

巴勒斯坦支离破碎的政治现实，以及经济形势和安全保障的恶化，使得巴勒斯坦人只能在家庭纽带关系中寻求保护和支持。在绝大多数的农村文化中，家庭是巴勒斯坦社会最重要的单位，家庭也是巴勒斯坦人寻求身份认同的主要来源。因此，巴勒斯坦人有着浓厚的家庭观念。

即使在远离村庄和城镇的难民营里，巴勒斯坦人继续在家庭的范围内生活、工作和社交。许多男子往往留下妻子和年幼的孩子，前往盛产石油的海湾国家去做苦工，他们定期将挣到的钱寄回来，以补贴家用。巴勒斯坦的孩子对家庭也有强烈的责任感，年长的父母依靠他们的子女和孙子来提供经济来源和照顾。虽然最年长的儿子将承担更多的责任，但是也通常由经济基础最好的子女或所有的子女一起平均分担照顾父母的责任。

（二）热情好客

巴勒斯坦人的热情好客，与一般的阿拉伯文化一样。他们会为客人准备好食物、糖果和咖啡。他们也会经常去街坊邻居家走动、交流、来往。

（三）强烈的荣誉观

像其他传统社会一样，一个家庭的荣誉往往体现在妇女的美德上。妇女的谦虚和纯洁是最珍贵的价值。但是，随着时间的推移，这种观念也在发生转变。承载着高度价值的教育、珍贵的土地等都能为家庭带来荣誉。坚定地维护巴勒斯坦的利益也是如今巴勒斯坦人家庭荣誉的最大源泉。

第四节　　教育体系

❖ 一、教育水平

据巴勒斯坦中央统计局的官方统计（见表6-2、6-3、6-4、6-5）显示，2015—2016学年，巴勒斯坦共有2 914所学校（不包括高等院校），其中男女合校占31.9%。巴勒斯坦共有5.52万名教师，属于国家体制内的教师占68.7%，教师和学生数量的比率为1∶21.6。巴勒斯坦共有119.28万名学生，每个班级的学生平均数量为30.1人。

表6-2　2015—2016学年巴勒斯坦的学校数量　　　　　　　　单位：所

学校	阶段		管理机构		
	初等教育	中等教育	政府	联合国近东巴勒斯坦难民救济和工程处	私立
约旦河西岸	1 385	809	1 704	96	358
加沙地带	569	151	395	257	68

表6-3　2015—2016学年巴勒斯坦的教师数量　　　单位：万名

教师	性别		管理机构		
	男性	女性	政府	联合国近东巴勒斯坦难民救济和工程处	私立
约旦河西岸	1.34	2.17	2.73	0.20	0.58
加沙地带	0.79	1.22	1.06	0.82	0.13

表6-4　2015—2016学年巴勒斯坦的学生数量　　　单位：万名

阶段	初等教育	105.35
	中等教育	13.93
性别	男生	59.11
	女生	60.17
地域	约旦河西岸	69.32
	加沙地带	49.96
管理机构	政府	78.12
	联合国近东巴勒斯坦难民救济和工程处	29.68
	私立	11.48

数据来源：依据 Palestine Central Bureau of Statistics: Annual Statistics & Time Series Statistics 提供的数据统计所得，引自 http://www.pcbs.gov.ps/site/lang__en/708/default.aspx, 登录日期：2017年3月26日。数据中不包括东耶路撒冷、幼儿园、高等院校的相关数值。

巴勒斯坦是世界上文盲率最低的国家之一。2016年，巴勒斯坦中央统计局对15岁及以上居民的统计显示，巴勒斯坦的文盲率从1997年的13.9%下降到了2015年的3.3%（9.38万）①，其中约旦河西岸占3.5%（6.31万），加沙地带占3.0%（约3.07万）。从性别上看，男性和女性的文盲率分别为1.5%（2.18万）和5.1%（7.20万），相比1997年

---

① 联合国教科文组织的数据（15岁及以上）显示，2014年，世界平均文盲率为14.7%，男性占10.8%，女性占18.5%；阿拉伯国家的平均文盲率为21.5%，男性占14.2%，女性占29.4%。

分别下降6.3%和15.2%。从年龄段来看，65岁及以上人口的文盲率占55.9%，45～64岁人口的文盲率占24.4%，30～44岁人口的文盲率占9.6%，15～29岁仅占10.1%。从地域来看，农村的文盲率最高占4.8%（2.51万），城市和难民营中的文盲率均为3%。文盲率最高的区域是图巴斯省和萨尔费特省（均为4.7%），最低的区域是加沙市和北加沙省（2.7%）。①

表6-5   2015—2016学年巴勒斯坦的教育指数

指标	数值
学校数量	2 914所
在校生数量	119.28万
班级数量	3.97万
班级平均人数	30.1人
辍学率	1.4%
复读率	0.9%
大学在校生数量/毕业生数量	20.47万/3.97万
社区学校学生数量/毕业生数量	1.13万/0.39万
识字率（15岁及以上）	96.7%

数据来源：Palestinian Central Bureau of Statistics, "Selected Indicators for Education in Palestine",http://www.pcbs.gov.ps/Portals/_Rainbow/Documents/Educ_MI_E.htm, 登录日期：2017年3月22日。数据中不包括东耶路撒冷、幼儿园、高等院校的相关数值。

20个世纪90年代中期，巴勒斯坦学生的辍学率快速下降，但是最近几年，辍学率又出现不同程度的上升。较高的辍学率出现在中学，男性占2.4%，女性占2.5%。②加沙地带的辍学率最低，这大部分归因

① Palestine Central Bureau of Statistics: "On the Eve of International Literacy Day, 8th September", September 2016, http://www.pcbs.gov.ps/portals/_pcbs/PressRelease/Press_En_8-9-2016IRE.pdf, 登录日期：2017年3月22日。

② The Human Development Report Team, "The 2014 Palestine Human Development Report", United Nations Development Programme of Assistance to the Palestinian People, April 2015, p.65.

于非政府组织和民间团体提供的教育服务。巴勒斯坦教育面临的最大问题是基础设施的不完善和损坏。2014年9月，巴勒斯坦教育部称，在夏季以色列进攻加沙地带时，超过180所学校遭到破坏。这意味着加沙地带约47.5万名学生要延迟开学，他们的学习环境也会长时期受到影响。

❧ 二、教育管理

巴勒斯坦教育与高等教育部（The Ministry of Education and Higher Education，简称MOEHE）于1994年成立，是行政管理机构，也是国立院校的经营者。教育部主管整个巴勒斯坦的教育事务（尤其是政府开办的学校），从学前教育到高等教育，以及教师的培训，并监督私人教育机构和联合国难民救济及工程局开办的学校。教育资金部分来源于财政部的预算，其余的来自捐献或国际组织。教育部职责包括制定教育工作的政策、方针、发展战略，普及全民教育，提高教育质量和水平，建设健全人格和高素质的公民。现任教育部长是拉米斯·阿拉米（Lamis al-Alami）。

在联合国教科文组织国际教育规划研究所的技术支持下，巴勒斯坦教育与高等教育部于1998年和2006年分别制定了《2000—2005年教育发展五年规划》和《2008—2012年教育发展战略规划》，其主要目标有：提供全民教育；增加学龄儿童入学数量；提高教学质量；发展正式和职业教育；提升规划、行政、财政的管理能力；通过教育发展人力资源；提高高等教育和市场需求的关联度等。当前，巴勒斯坦教育与高等教育部执行的计划有：教育战略计划（Education Dev. Strategic plan）、监测与评估：2014—2019年第三个战略计划（Monitoring & Evaluation System of the Third Strategic Plan 2014—2019）、教师培训与教育战略（Teacher Training & Education Strategy）、技术与职业教育培训战略（Technical & Vocational Education Training Strategy）。

❧ 三、教育现状

1995—1996学年之前，加沙地带采取埃及的教育体系，约旦河西岸采取约旦的教育体系。1997年之后，巴勒斯坦官方统一采取约旦的教育模式。巴勒斯坦的教育体系分为以下四大阶段。

（一）学前教育

主要是为4～6岁的儿童提供两年的教育和培育。据巴勒斯坦中央统计局的数据显示，2015—2016学年，巴勒斯坦共有1 665所幼儿园，共14.14万名幼儿接受学前教育（如表6-6所示）。幼儿教育的学校仅有61所是公立的，其余全都是由非营利组织和私人建立的。但是教育部对其提供技术上和教育上的监督和指导，以及教师资格证的颁发和培训，并给予一定的资金补助。大多数幼儿园都是男女同校，男女比例均衡。

表6-6　2015—2016学年巴勒斯坦学前教育情况表　　　　　　单位：所

类型	约旦河西岸		加沙地带	
	政府经营	私人开办	政府经营	私人开办
幼儿园数量	60	1 087	1	517
幼儿数量	1 274	77 447	76	62 599

数据来源：根据Palestine Central Bureau of Statistics: Time Series Statistics提供的数据统计所得，引自http://www.pcbs.gov.ps/site/lang__en/708/default.aspx，登录日期：2017年3月28日。数据中不包括东耶路撒冷幼儿园和幼儿的数量。

巴勒斯坦的入学率相对较高。美国近东难民援助组织（American Near East Refugee Aid）的报告显示，约旦河西岸和加沙地带有38%的儿童接受学前教育，高于中东、北非的平均水平（25%）。[1]

（二）初等教育

初等教育又称作义务基础教育阶段，共有10个年级，其中1～4年级为预备阶段，5～10年级为自主阶段。2015—2016学年，这一阶段的学生约有105.35万名。在这一阶段的学习过程中，1～3年级不存在留级制度，4年级之上需要通过考试升级，每年大约有5%的学生因成绩不合格而复读。至8年级末时，学校会为不想继续升学的学生提供一次正式考试，如果成绩达标，将会获得普通初等教育考试合格证

---

[1] American Near East Refugee Aid, "Early Childhood Development in the West Bank and Gaza", *ANERA Reports on the Ground in the Middle East*, No.5, Februray 2014, 世界入学率的平均水平为50%。

书。2006年起，所有学校采用统一的巴勒斯坦国民课本。

（三）中等教育

中等教育学校分为普通教育中学和职业技术中学，大多数为政府创办。学生可以根据10年级末的考试成绩自主选择，约有1/3的学生进入职业技术中学。这一阶段共有两个年级，即11和12年级。2015—2016学年，这一阶段的学生约有13.93万名。

普通教育中学的学生主修科学和人文学科，在12年级结束时，学生将参加正式的毕业考试（Tawjihi），并以所得成绩报考大学或学院。职业技术中学的学生可选择工业、农业、商业、护士、旅游5大专业，2年之后参加职业高考（Vocational Tawjihi），报考社区学院继续深造。

（四）高等教育

据巴勒斯坦中央统计局的官方数据显示，2014—2015学年，巴勒斯坦的大学在校生共有20.91万名，其中女生的比例普遍高于男生，约占60.97%，如表6-7所示。

表6-7　2014—2015学年巴勒斯坦的大学教育情况表

大学和学院 （Universities and University Colleges）	性别	在校生	毕业生	教职人员
	男	81 620	15 369	5 269
	女	127 505	24 303	1 414
社区学院 （Community Colleges）	男	6 413	1 579	338
	女	5 857	2 293	109

数据来源：Palestinian Central Bureau of Statistics, "Number of Students, Graduates and Teaching Staff in Universities, University Colleges and Community Colleges by Sex, 1994/1995-2015/2016", http://www.pcbs.gov.ps/Portals/_Rainbow/Documents/Education-1994-2015-08E.htm, 登录日期：2017年3月22日，因2015—2016学年的毕业生数量还未统计，所以该表选取了2014—2015年的数据。

当前巴勒斯坦约有14所大学、18所学院和27所社区学院，①基本

① The Human Development Report Team, "The 2014 Palestine Human Development Report", United Nations Development Programme of Assistance to the Palestinian People, April 2015, p.66.

建于1973年之后，现分属巴勒斯坦政府、联合国难民救济及工程局和私人管理。巴勒斯坦的大学基本都为四年制，社区学院为二年制，硕士为二年制。巴勒斯坦著名的大学如下：

1. 圣城大学（Al-Quds University，简称AQU，网站www.alquds.edu）是1984年在耶路撒冷成立的一所公立大学，为耶路撒冷和约旦河西岸的临近城镇、村庄和难民营提供高水平的教育和社区服务。大学的主校区在阿布迪斯（Abu Dis），其他的校区分别位于耶路撒冷老城区（Old City）、谢赫贾拉（Sheikh Jarrah）、贝特哈尼纳（Beit Hanina）和比雷赫（al-Bireh），是世界上唯一一所被隔离墙隔开的大学。学校约有1 300名教职员工，有1.3万余名本科生和2 000名研究生。学校设有艺术学院、医学院、牙科学院、法学院、工程学院、古兰经和伊斯兰研究学院等15个院系。此外，还成立了人权研究中心、儿童研究中心、耶路撒冷研究中心、考古学研究中心、现代传媒研究中心、区域研究中心、土地和水文研究中心、信息技术中心等22个研究机构。圣城大学图书馆占地5 000平方米，分为科学技术馆、健康医学馆、法律馆、宗教馆、美国研究馆和考古学馆6大分馆。藏书约10万册，55%为阿拉伯语书籍，其余为英语书籍。学校与美国和欧洲的许多大学建立了国际合作，广泛开展学术交流。

2. 加沙爱资哈尔大学（Al-Azhar University-Gaza，简称AUG，网站www.alazhar.edu.ps），1991年依据阿拉法特的总统令在加沙所建。学校有教职人员290名，本科生约1.6万名，研究生约700名。学校设有农业与环境学院、医学院、理学院、艺术与人文学院、经济管理学院、工程信息学院、教育学院、伊斯兰教法学院等12个院系，其中1995年成立的水资源研究中心是独立的非政府机构。以印度开国总理贾瓦哈拉尔·尼赫鲁（Jawaharlal Nehru）命名的图书馆始建于2000年，由印度政府捐赠。图书馆英文、阿文藏书约1.16万册，其中包括杂志、论文和光盘等，同时开通了卫生领域研究网络计划（HINARI）和EBSCO等数据库资源。

3. 纳贾赫国立大学（An-Najah National University，网站www.najah.edu），1977年建于约旦河西岸的北部城市纳布卢斯，是巴勒斯坦非政府公立大学（non-governmental public university），由董事会负责管理。1918年纳贾赫国立大学还是一所小学，1941年成为纳贾赫学院，1977年授权成立大学，并成为阿拉伯大学协会（Association of Arab Universities）的正式成员。1981年，教育科学学院获得第1个硕士学位点。纳贾赫国立大学共有4个校区和1个附属纳贾赫国立医院。学校约有2.2万名学生和300名教职人员。学生大部分是巴勒斯坦人，主要使用阿拉伯语、希伯来语、英语、法语和西班牙语。学校设有农业和兽医学院、经济和社会研究学院、教育科学和教师培训学院、美术学院、人文学院、法学院、理学院、医学院、研究生院等13个院系，有79个学士点，23个中级学位项目，3个高级学位项目，以及化学和物理2个博士点。纳贾赫国立大学图书馆有丰富的馆藏资源，约有43.55万册藏书，18万册电子书籍和期刊，2.8万册学术期刊，同时还订阅了60余种电子数据库。学校与许多大学建立了合作关系，有互换奖学金项目，也有为留学生专门开设的课程。

4. 伯利恒大学（Bethlehem University，简称BU，网站www.beth-lehem.edu），1973年建于约旦河西岸，学校占地8.67英亩。其学校历史可以追溯至1893年德拉萨尔基督教兄弟会（De La Salle Christian Brothers）①在伯利恒、耶路撒冷、拿撒勒、土耳其、埃及等创办的一批学校。1973年首次招收112名新生，到2016年新生入学人数已达3 290名，其中包括214名研究生。学生中女性占78%，穆斯林占77.1%。学校以人文科学专业为主，设有艺术学院、工商管理学院、教育学院、护理与健康学院、理学院、旅游与酒店管理研究所，开设巴勒斯坦自然历史博物馆、巴勒斯坦传统音乐档案馆、水土资源研究所、遗传学研究实验室等研究中心。伯利恒大学于1978年成为巴勒斯坦高等教育委员会的创始会员，1995年成为教育部成员，也是国际天主教大学联盟（International Federation of Catholic Universities）、卡萨拉塞高校协会（Lasallian Association of Colleges and Universities）、阿拉伯大学协会（Association of Arab Universities）等组织的成员。

5. 比尔泽特大学（Birzeit University，简称BZU，网站www.birzeit.edu），是巴勒斯坦的第一所大学。其前身是1924年纳比哈·纳

---

① 法国牧师圣约翰·德拉萨尔（St. John Baptist de la Salle, 1651～1719年）创建，总部位于罗马，格言是"信仰的象征"（Sign of Faith）。目前全世界有560个卡萨拉塞教育机构（Lasallian educational institutions），为80多个国家的90万名学生提供教育服务。

赛尔（Nabiha Nasir）成立的女子小学，1976年正式成为比尔泽特大学。学校位于比尔泽特城，靠近拉姆安拉，占地约80公顷。它是一所非政府公立大学，由教育家和各界人士组成的董事会负责学校管理与建设。校训是"创建更好的巴勒斯坦的未来"。学校有529名教职人员和189名科研人员。2016年，新生入学人数达1.21万名，其中本科生1.07万名，研究生290名，64%为女性。学校设有艺术学院、商业与经济学院、教育学院、工程技术学院、法律与公共管理学院、护理、药学和医疗卫生学、理学院等8个院系，以及发展研究中心、媒体发展中心、女性研究中心、信息技术基地等13个附属研究所。学校有65个本科生项目、30个研究生研习项目、2个教师培训项目和1个社会科学博士生项目，并为国外学生专门提供巴勒斯坦和阿拉伯研究项目（PAS）。比尔泽特大学优素福·艾哈迈德·阿格尼姆图书馆（Yusuf Ahmed Alghanim Library）藏书约17万册，包括阿拉伯语、英语、法语、德语等，同时订阅了61种数据库供全校师生使用。此外，有独立的法律图书馆、发展研究图书馆和女性研究图书馆。学校还有剧院、天文观测台和校博物馆。

6. 希伯伦大学（Hebron University，简称HU，网站 www.hebron. edu），1971年由谢赫·穆罕默德·阿里·贾巴里（Sheikh Mohammed Ali Al-Ja'bari）等人在巴勒斯坦希伯伦建立，最初仅是43名学生组成的沙里亚学院（即伊斯兰法学院）。如今已发展为包括农业学院、伊斯兰研究院（重点学科）、法律政治学院、艺术学院、教育学院、金融管理学院、科学技术学院、信息技术学院、护理学院、药学和医学院、研究生院等10个院系和8个研究中心组成的一所非营利性独立大学，由校董事会负责校长任命、学校预算及发展规划。学校现有170余名教职人员，9 740名在校生，其中硕士生439名，女性占学校总人数的74.2%。学校共有39个学士学位和6个硕士学位授权点。希伯伦大学图书馆藏书约10万余册（包含电子书籍），还开通了牛津期刊数据库、剑桥在线数据库等电子数据库供全校师生使用。希伯伦大学也是国际大学协会（International Association of Universities）、地中海大学团体（Community of Mediterranean Universities）、伊斯兰大学联盟、阿拉伯大学协会等组织的成员。

7. 加沙伊斯兰大学（The Islamic University of Gaza，简称IUG，

网站 www.iugaza.edu.），哈马斯领导人马哈茂德·扎哈尔（Mahmoud al-Zahar）等人于1978年在加沙建立的一所独立的学术高等院校。学校由校董事会负责管理，受到来自英国文化委员会、世界银行和伊斯兰开发银行等国际非政府组织的资助。学校约有2万余名学生，其中包括1 000余名研究生。学校设有宗教渊源学院（Faculty of Osool Edin）、医学院、工程学院、伊斯兰教法与法律学院、艺术学院、商学院等11个院系，以及口述史研究中心、农村与环境研究中心等10余个研究机构。加沙伊斯兰大学也是阿拉伯大学协会、伊斯兰大学联盟、地中海大学团体、国际大学协会的成员。

巴勒斯坦较为著名的大学还有：1978年在希伯伦成立的巴勒斯坦科技大学（Palestine Polytechnic University）；1979年在伯利恒建立的伯利恒圣经学院；1991年成立的阿克萨大学（Al-Aqsa University）；1991年开设的以现代技术为支撑、学历教育和非学历教育并举、实施远程教育为主的圣城开放大学（Al-Quds Open University）；2000年在杰宁成立的第一个私立的合资大学——阿拉伯美国大学（Arab American University），与加利福尼亚州立大学合作；2003年在加沙城南部成立的私立的高等院校巴勒斯坦大学（University of Palestine）等。

第五节　新闻媒体

巴勒斯坦民族权力机构成立之初，提倡尊重言论自由与人权。巴勒斯坦信息部也指出，人们有权表达和谈论涉及他们生活的问题，当局不应该垄断文化、政治活动等信息，这不仅能够提升巴勒斯坦的民主和公众自由，也能创造一个不同观点互相争鸣的舆论环境。因此，巴勒斯坦国内有多家通讯社、报纸、广播电台等，大多为私营企业，通过网站、卫星、移动电话等信息通信技术发布新闻消息。

一、通讯社

巴勒斯坦通讯社（Palestine News Agency，简称WAFA），简称巴通社，也称作"巴勒斯坦新闻与信息机构"（Palestinian News & Info Agency），巴勒斯坦解放组织于1972年在黎巴嫩首都贝鲁特创建。现为巴勒斯坦民族权力机构的官方通讯社，下设广播收听部、信息编辑部等多个部门，有独立网站（www.wafa.ps）。巴通社每日用阿拉伯语、英语、法语和希伯来语发布来自巴勒斯坦、以色列和中东的新闻，也是这些地区重要的信息来源。

马鞍新闻社（Ma'an News Agency，简称MNA），是2005年在巴勒斯坦地区创办的一个大型通讯社，为2002年创建的非政府组织媒体网络——马鞍网络的重要分支。马鞍新闻社每日24小时不间断地使用阿拉伯语、希伯来语和英语发布实时消息，也发布一些专题报道、分析和评论文章。它在加沙地带和约旦河西岸有独立的新闻记者，并与当地的8个电视台和12个广播台有合作。其网站（www.maannews.net）访问量约为300万人/月，2007年调查显示，有95.6%的用户能够顺利进入其网站。马鞍新闻社总部设在伯利恒，在加沙地带有办公处，其资金来源主要是依靠广告收入和国外捐赠。2013年，马鞍新闻社官网被评为巴勒斯坦第四大网站。

❖ 二、报刊

巴勒斯坦著名的当地报纸有《圣城报》《新生活报》《日子报》等，它们报道的范围涉及政治、经济、文化、社会、体育和科技等各个方面。所有的当地报纸都有自己的网站。

《圣城报》（Al-Quds），由穆罕默德·阿布-扎拉法（Mahmoud Abu-Zalaf）于1951年在耶路撒冷创刊，是巴勒斯坦地区发行量最大的阿拉伯语日报，每周发行5天，日发行量约5万份。近年来，其网站（www.alquds.com）实时发布电子版线上新闻。

《日子报》（Al-Ayyam），1995年在拉姆安拉创刊，是巴勒斯坦第二大阿拉伯语日报，日发行量约2万份。尽管其有独立的收入，但在立场上相对倾向巴政府和法塔赫。其有独立的网站（www.al-ayyam.ps）。

《新生活报》（Al-Hayat Al-Jadida），1995年在拉姆安拉创刊，属于巴勒斯坦民族权力机构的官方阿拉伯语日报，日发行量约1.5万份。在其网站（www.alhaya.ps）上可以查询时事新闻。

《巴勒斯坦日报》（Felesteen），巴勒斯坦阿拉伯语日报，2006年在加沙发刊，是加沙地带发行量最大的日报。其有独立的阿拉伯语网站

（www.felesteen.ps）。

《巴勒斯坦时报》（Palestine Times），2006年11月27日发行，是巴勒斯坦地区唯一的英语日报，报社总部设在拉姆安拉。最初只在约旦河西岸、加沙地带发刊，2007年3月与以色列BAR报社签订合同，开始在以色列发行。其目标是向全世界准确全面地介绍巴勒斯坦人的生活。它宣称不接受巴勒斯坦任何派别或政治团体的资助，致力于保持报道的独立性。

《加沙周报》（Gaza Weekly Newspaper），1950年在加沙创刊，第一份报纸出版于1951年7月6日。主要报道当地事务，在约旦、沙特和埃及均有发行。

❖ 三、广播电视

截至2013年，巴勒斯坦约有50个广播电台和20个电视台，大部分为私营。此外，巴勒斯坦可以收听和收看约旦的广播电台和卫星电视。

巴勒斯坦广播公司（Palestinian Broadcasting Corporation，缩写PBC），于1994年7月1日在拉姆安拉成立，归巴勒斯坦民族权力机构管辖。其有独立网站（www.pbc.ps），旗下有"巴勒斯坦之声"和巴勒斯坦电视台。

巴勒斯坦之声（Voice of Palestine），1993年《奥斯陆和平协议》签订之前，称作"巴勒斯坦革命之声"（Voice of Palestinian Revolution）。现为巴勒斯坦官方广播电台，由巴勒斯坦民族权力机构负责运营，台长是法塔赫活动家和阿拉法特的忠实追随者阿布·阿亚什（Abu Ayyash）。1994年7月正式开播，电台总部位于拉姆安拉，用阿拉伯语播音。其宗旨是"传递团结的信息，在巴勒斯坦人中间营造和谐氛围，为巴勒斯坦国的独立而奋斗"。2002年1月19日，以色列军队以其煽动巴勒斯坦公民对以色列进行暴力活动为由，炸毁了巴勒斯坦之声的电台大楼。几个小时后，巴勒斯坦之声使用当地私营的"阿姆瓦杰电台"的发射装置播送节目，4月份开始恢复之前的频道波音。

巴勒斯坦电视台（Palestine TV）是巴勒斯坦唯一的官方电视台，由法塔赫负责运营，台长是阿拉法特忠实的追随者哈沙姆·米奇（Hisham Micki）。其创办于1995年9月，1996年在加沙首次开播，覆盖约旦河西岸和加沙地带。目前有两个频道，每天播放12小时。

  阿克萨电视台（Al-Aqsa TV），2006年1月9日哈马斯在加沙地带创办，哈马斯内政部长哈马德（Fathi Hamad）负责主管。其总部设在加沙，电视台节目主要使用阿拉伯语，设有专门网站（www.aqsatv.ps），宗旨是"定睛在家园"（your eye at the home）。在2008年10月加沙战争和2014年7月以色列—加沙冲突期间，其电台办公楼曾多次遭到以色列空袭。

  圣城电视台（Al-Quds TV）是巴勒斯坦的一个卫星频道，开播于2008年11月11日。每日24小时使用阿拉伯语播报新闻，其受众范围涵盖阿拉伯世界和欧洲。该电视台在加沙地带、约旦河西岸、贝鲁特和大马士革设有办公室，有独立网站（www.qudstv.com），是继阿克萨电视台之后，哈马斯的第二大卫星电视频道。以色列反恐情报中心将其称作"哈马斯的喉舌"。2012年11月18日，在哈马斯武装与以色列国防军的冲突中，以色列军队炮轰圣城电视台办公楼，造成3名工作人员受伤。

  拉姆电台（RAM FM），2007年2月至2008年8月21日运营的英语广播电台，电台设在拉姆安拉，频率为93.6 MHz（耶路撒冷87.7 MHz），广播覆盖巴勒斯坦、以色列和约旦。

  和平之音（All for Peace），2004年首次开通，隶属于一个巴勒斯坦出版社和以色列组织联合成立的犹太人–阿拉伯人和平中心，其主要收入依靠商业广告，宗旨是"在解决巴以冲突中扮演积极角色"。广播范围覆盖以色列和巴勒斯坦，频率107.2 MHz（87.8 MHz），使用阿拉伯语、英语、希伯来语和俄语发布信息。2011年11月17日被以色列通信部关闭。

  此外，巴勒斯坦还有多家商业广播电台。

❖ 四、网络

  巴勒斯坦信息中心（Palestinian Information Center，简称PIC），是巴勒斯坦最大的新闻网站（www.palinfo.com），也是巴勒斯坦最受欢迎的网站之一。1997年12月1日首次开通阿拉伯语网站，1998年1月1日英语网站运行。除阿拉伯语和英语之外，还陆续开通俄语（2001年）、马来语（2001年）、波斯语（2002年）、乌尔都语（2002

年）、法语（2003年）、土耳其语（2007年）等8种语言供世界各地的用户选择。巴勒斯坦信息中心的宗旨是"向世界传递巴勒斯坦之声，向巴勒斯坦传递世界之声"（The Voice of Palestine to the World and the Voice of the World to Palestine）。其网站中有"每日新闻""专题报道""评论""耶路撒冷和阿克萨""巴勒斯坦问题""犹太复国主义""巴勒斯坦文化遗产"等多个栏目，其目标是增进人们对巴勒斯坦、巴勒斯坦人和巴勒斯坦问题的认识。

据2017年3月互联网世界统计（Internet World Stats）最新数据显示，巴勒斯坦网络用户占国内总人口的44.7%。[1]近年来，随着社交软件的广泛推广，脸书（Facebook）、领英（LinkedIn）、图片分享（Instagram）、推特（Twitter）四大社交软件在巴勒斯坦也得到普遍使用。2017年阿拉伯社交媒体报告显示，2016年Facebook用户占巴勒斯坦总人口的36%，其余三大社交软件分别占总人口的2.5%、6.5%和6%，[2]且注册用户在持续上升。

---

[1] Internet World Stats，"Middle East Internet Users, Population and Facebook Statistics 2017"，http://www.internetworldstats.com/stats5.htm，登录日期：2017年3月17日。

[2] Salem, Fadi，"Arab Social Media Report 2017: Social Media and the Internet of Things: Towards Date-Driven Policymaking in the Arab World"，Mohammed Bin Rashid School of Government, 2017, p.62.

第七章　外交

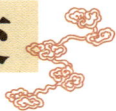

1964年巴勒斯坦解放组织（下文简称"巴解组织"）成立之后，积极开展外交活动，寻求与不同国家和国际组织建立密切联系，核心宗旨在于获得国际社会对巴勒斯坦国的承认与支持。鉴于当前约旦河西岸和加沙地带的分裂情况，本章巴解组织主导的对外政策为主线，分别讨论其与阿拉伯国家、伊朗、美国、欧盟、俄罗斯、中国等的外交关系。[①]此外也对巴勒斯坦第二大政治派别哈马斯的对外交往状况进行简要阐述。

第一节　对外政策

1947年11月，根据联合国关于巴勒斯坦分治的181（Ⅱ）号决议，在巴勒斯坦地区分别建立巴勒斯坦国和以色列国，鉴于阿拉伯人对分治决议方案的反对，巴勒斯坦国建国事宜暂且搁置。此后，历经四次中东战争，巴勒斯坦国的原定领土范围多有变动。

1964年第一届巴勒斯坦国民大会的召开，巴解组织正式成立。会议上通过的《巴勒斯坦国民宪章》作为巴解组织的纲领性文件之一，其中规定：巴解组织对"当时由约旦控制的约旦河西岸、埃及管辖的加沙地带及叙利亚控制的哈马地区不行使主权"改为"巴勒斯坦是巴勒斯坦人的家园；巴勒斯坦的疆域以英国委任统治时期的边界为准，是一个不可分割的领土单位，1947年巴勒斯坦分治以及以色列的建立

---

① 巴勒斯坦的近现代史实际上就是巴以关系发展演变史，因此本章不再论述巴勒斯坦与以色列的外交关系。

完全是非法的。"1969年7月，巴解组织执委会主席阿拉法特在与《费加罗报》记者的谈话中明确宣布了巴解最终的战略目标："解放我们的被占领土，从而建立一个由阿拉伯人、穆斯林、基督徒以及犹太教徒共有地享有平等、友爱、公正与和平、民主的巴勒斯坦国。"

随着70年代外交局势的变化，巴解组织在战略目标和斗争方式上发生了重大变化。采取更加灵活的斗争策略和包括游击战在内的多种斗争方式，同时不放弃通过政治途径解决实现巴勒斯坦国建立的目标。即阿拉法特所主张的"一手执枪，一手拿橄榄枝"的灵活外交斗争方式。

在外交上获得较大成功的巴解组织，受到阿拉伯国家和世界的广泛支持，于1974年10月在阿拉伯首脑会议上正式被确认为巴勒斯坦人民的唯一合法代表。1976年9月正式被接纳为阿拉伯国家联盟正式成员。

进入80年代，以色列已经为大多数国家所承认，尤其埃及单独与以色列建立外交关系，阿拉伯国家首脑会议于1982年9月通过了"非斯方案"，承认了以色列的存在。巴解组织接受了现实，承认以色列的存在的合法性，同时要求以色列撤出约旦河西岸和加沙地带。

1988年11月15日，巴解组织在阿尔及尔召开的第19次全国委员会特别会议中宣布了巴勒斯坦国的成立。会议通过的《独立宣言》承认了1947年联合国大会通过的181（Ⅱ）号决议，愿意在联合国的监督下，以第242号和338号决议以及巴勒斯坦人民的自决权为基础，召开国际会议，进行和平谈判，全面解决巴勒斯坦问题。巴解组织的战略目标虽然为此后的《奥斯陆和平协议》奠定了基础，但同时也引发了巴勒斯坦内部的严重分裂。

1994年5月12日，根据巴解组织决议成立巴勒斯坦民族权力机构（Palestine National Authority），建立过渡性权力机构，阿拉法特当选为主席。巴勒斯坦国已获得138个国家的正式承认。2011年10月成为联合国教科文组织的正式会员国。2012年11月第67届联合国大会通过决议，巴勒斯坦获得联合国观察员国地位。

2005年1月，作为巴解组织执委会主席的阿巴斯当选为新一任民族权力机构主席。巴解组织与国内另一大政治组织哈马斯之间围绕着巴勒斯坦建国和对以色列的态度问题存在严重分歧，双方摩擦不断升级。在经历多次冲突与和解后，双方于2014年协商组建过渡性民族共识政府。但民族内部的和解仅停留在表面，由于在加沙问题上的分歧，哈马斯于同年夏天退出民族共识政府。2017年10月，双方在埃及开罗签署和解协议，初步考虑于2018年年底前举行总统大选和议会选举。①

第二节　巴勒斯坦与阿拉伯国家的关系

❖ 一、巴勒斯坦—埃及的关系

在数次中东战争中，埃及是巴以冲突的主角之一。随着第三次中东战争中阿拉伯国家的溃败，埃及单独与以色列媾和，这遭到阿拉伯国家的反对与抵制，同时巴勒斯坦与埃及关系也发生微妙变化。

埃及是最早支持巴勒斯坦事业的阿拉伯国家之一。从总体上看，纳赛尔总统是巴勒斯坦事业的热心支持者。埃及也曾是巴解组织开展政治活动的主要基地。萨达特执政时期，埃以媾和，埃巴关系降到最低点，巴解组织中断同埃及的关系。1987年11月，埃及宣布重新开放巴解组织驻开罗办事处。1988年11月巴宣布建国后，埃及即宣布承认，巴解组织驻开罗办事处也随之升级为大使馆。马德里中东和会后，埃及积极推动巴以和谈，促进巴内部和解，并呼吁国际社会向巴人民提供人道主义援助。海湾战争后，由于双方立场不同，关系冷淡。此后，随着中东和平进程的推进，双方关系实现正常化。阿巴斯当选巴民族权力机构主席后，曾多次访问埃。近年来，埃及在巴以停火、换俘、巴内部和解等问题上积极斡旋。②

2008年12月加沙冲突爆发后，埃及努力斡旋，推动哈马斯与以色列停火，缓解加沙人道主义危机，为联合国安理会通过第1860号决议

---

① 中华人民共和国外交部：巴勒斯坦国家概况，http://www.fmprc.gov.cn/web/gjhdq_676201/gj_676203/yz_676205/1206_676332/1206x0_676334/，登录日期：2018年1月25日。

② 杨辉：《中东国家通史·巴勒斯坦卷》，北京：商务印书馆2002年版，第238-244页。

发挥重要作用。2009年，埃及主办加沙重建国际会议，并召集巴各派在开罗举行多轮内部和解对话会。2013年1月，在埃及斡旋下，法塔赫和哈马斯领导人在开罗就民族和解事宜举行会晤。7月初埃及政局剧变后，巴勒斯坦总统阿巴斯表示支持埃及维护安全稳定，尊重埃及人民意愿。2014年3月，埃方决定禁止哈马斯在埃一切活动，哈马斯对此表示谴责。2014年6月，阿巴斯出席了塞西总统的就职典礼。2014年7月，以色列和哈马斯在加沙爆发冲突后，埃及积极斡旋停火。2015年初，埃法院裁决哈马斯为恐怖组织。6月，埃及紧急事务上诉法院以缺乏司法权为由，撤销先前将哈马斯列为恐怖组织的裁定。2016年5月、2017年3月，巴勒斯坦总统阿巴斯访问埃及。2017年10月，在埃及积极斡旋下，法塔赫同哈马斯在开罗签署和解协议。12月，巴勒斯坦总统阿巴斯访问埃及，在开罗会见塞西总统，就美国承认耶路撒冷为以色列首都的决定协调立场。

❦ 二、巴勒斯坦—约旦的关系

由于历史、地理等多重因素，约旦与巴勒斯坦之间形成了一种特殊的密切关系。1948年巴勒斯坦战争后，外约旦与约旦河西岸合并为约旦哈希姆王国。巴约之间的外交关系主要围绕约旦河西岸而展开。

1970年，约巴关系恶化，巴武装被迫全部从约撤出。首先，约旦曾是巴解组织总部所在地，巴解组织游击队曾在约旦境内大肆发展武装，对约旦国内的治安和稳定造成了巨大的影响；其次，四次中东战争，尤其是第三次中东战争带来的大批巴勒斯坦难民涌入，约旦基于同情，给予巴勒斯坦难民国籍，将难民营的行政、治安权交与巴解组织，造成了约旦沉重的经济压力和主权隐患；第三，巴勒斯坦人占约旦总人口60%，在归还约旦河西岸之后，约旦损失了大部分旅游业和农业等经济来源。

1977年3月，阿拉法特与约旦侯赛因国王共同出席非洲-阿拉伯最高级会议，其间双方关系有所回暖。此后，因在反对《戴维营协议》和1982年以色列入侵黎巴嫩事件上双方立场一致，这直接加速了巴约敌对关系的化解。1988年11月巴勒斯坦国宣布成立后，约旦立即予以承认；1989年1月，约旦同意巴解组织驻约旦办事处升级为大使馆。中东和平进程开启后，巴约曾组成联合代表团出席中东和会。在巴以和谈问题上，约旦十分关注谈判所涉及的巴勒斯坦难民、水资源、边界划分及安全等事务，认为巴勒斯坦问题仍是当前中东问题的核心，坚持"两国方案"。2003年6月，约旦国王阿卜杜拉二世主持了由美、以、巴三方首脑参加的亚喀巴峰会，宣布正式启动"中东和平路线图"计划。阿巴斯当选巴民族权力机构主席后，多次访问约旦。阿巴斯解散联合政府后，约旦强调巴应维护内部团结、重建秩序。阿卜杜拉二世国王多次呼吁国际社会推动和平进程，支持巴以和谈，敦促美在中东问题上发挥重要作用。

2012年年初，约旦同中东问题"四方机制"推动巴以双方在安曼就恢复和谈进行多次接触。同年，巴勒斯坦总统阿巴斯、哈马斯领导人迈沙阿勒分别访问约旦，12月阿卜杜拉二世国王访问"拉姆安拉"。2013年3月，巴勒斯坦总统阿巴斯访约，双方签署了共同保护"圣城"耶路撒冷及阿克萨清真寺等圣迹的协议，确认哈希姆王室对耶城圣迹的监护权。

2014年1月、7月，巴勒斯坦总统阿巴斯访问约旦。4月，约旦首相恩苏尔访问巴勒斯坦。2015年5月，巴勒斯坦总统阿巴斯出席在约旦举办的2015年世界经济论坛中东北非峰会，会见了约旦国王阿卜杜拉二世。2017年3月在约旦召开阿盟峰会期间，约旦国王阿卜杜拉二世、埃及总统塞西和巴勒斯坦总统阿巴斯举行三方会晤，重点就巴勒斯坦问题交换看法。2017年8月，约旦国王访问巴勒斯坦，与阿巴斯举行会谈。2017年12月和2018年1月，阿巴斯两次访问约旦，同约旦国王阿卜杜拉二世举行会谈。约方重申了在耶路撒冷问题上对巴勒斯坦的支持。

❦ 三、巴勒斯坦—叙利亚的关系

叙利亚是反对以色列侵略扩张的主力军，是四次中东战争中巴勒斯坦的坚定支持者，也是巴游击队的重要基地和后方。随着埃及与以色列单独媾和，叙利亚成为孤军奋战反对以色列的一支力量。1948年和1967年的中东战争使许多巴勒斯坦人沦为难民，叙利亚是最大限度接受巴勒斯坦难民的阿拉伯国家之一。

长期以来，叙巴关系基本上比较融洽，但在处理巴勒斯坦根本利益和叙利亚对外政策上也存在一定的分歧。叙巴之间"控制与反控制，干涉与反干涉是双方关系恶化的根本原因"。[①]1983年后，因对解决中东问题的政治主张存在分歧，双方关系恶化。1988年后，巴叙关系有所缓和。1999年，在叙利亚政府的支持下，叙境内的巴反对派组织开始与巴民族权力机构进行对话。2004年12月，阿巴斯继任巴解执委会主席后访问叙利亚。2006年哈马斯执政后，叙利亚表示支持巴勒斯坦人民自主选择的政府，反对对巴封锁，鼓励巴勒斯坦各政治派别通过对话解决分歧。2007年11月，叙利亚出席安纳波利斯中东和会。2011年之前，阿巴斯曾多次访问叙利亚。

叙利亚与哈马斯也曾保持良好的关系。1993年，哈马斯在叙利亚首都大马士革设立联络办公室，哈马斯的高层领导人开始长期定居于此。叙利亚在政治和道义上公开支持哈马斯武装抵抗以色列，在经济和军事上为哈马斯提供资金和武器援助，被视为哈马斯重要的同盟。哈马斯政治局办公总部搬迁到大马士革后，叙政府允许哈马斯在巴勒斯坦难民营中间建立公民社会组织，并资助社会动员和宣传活动，这提升了哈马斯在巴勒斯坦人中间的影响力。2011年叙利亚战争爆发后，哈马斯不愿支持巴沙尔政权，致使双方关系急速恶化，2012年2月哈马斯领导层开始从叙利亚撤离。

❖ 四、巴勒斯坦—沙特阿拉伯等海湾国家的关系

海湾国家除伊拉克外基本都未正面参与过中东战争，但初期在武器和财力方面给予巴勒斯坦解放运动极大支持。沙特、科威特等海湾阿拉伯国家曾是巴解组织的主要财政和军事援助国。

1990年，沙特等海湾国家因对巴解组织在海湾战争中的立场不满，同巴解组织关系恶化。原工作或流亡在海湾国家的绝大部分巴勒斯坦人不得不离开该地区。1991年3月，海湾合作委员会宣布中断对巴解组织的财政援助。但在巴解决定出席马德里中东和会后，沙特等海湾国家与巴解关系开始缓和，官方往来逐渐恢复，沙特还恢复了对巴解组织的部分援助。从1993年起，巴解组织同海湾国家关系不断改善。

2002年4月，沙特王储阿卜杜拉访问美国期间向布什总统提出了

① 杨辉：《中东国家通史·巴勒斯坦卷》，北京：商务印书馆2002年版，第245页。

解决中东问题的"八点建议"。2004年12月，巴解组织执委会主席阿巴斯访问沙特和科威特，对巴勒斯坦在海湾战争中的错误立场表示道歉。巴勒斯坦与海湾国家关系明显改善。2007年2月，在沙特斡旋下，哈马斯与法塔赫达成"麦加协议"。3月，在沙特等国推动下，第19次阿盟首脑会议重申"阿拉伯和平倡议"，并确定相关工作机制。

2013年4月，卡塔尔埃米尔哈马德率阿拉伯国家代表团访美，表示愿在1967年边界基础上通过少量土地置换实现"两国方案"，受到美国和以色列的欢迎。2015年7月，沙特国王萨勒曼会见赴沙特朝觐的哈马斯政治局主席马沙勒。2017年3月，阿巴斯访问卡塔尔，同卡埃米尔举行会谈，6月，卡塔尔危机爆发，巴解组织呼吁双方和平解决。2017年11月和12月，阿巴斯两次访问沙特，同萨勒曼国王和穆罕默德王储会面。总体而言，巴勒斯坦与海湾国家保持着较好的外交关系。

卡塔尔与哈马斯的特殊关系也值得关注。1999年哈马斯被约旦驱逐之后，卡塔尔向其伸出了援助之手，允许哈马斯在首都多哈设立办公室，通过慈善机构、广播等筹集资金。2006年，哈马斯在巴勒斯坦立法委员会选举中获胜后，卡塔尔向外交上陷入孤立无援境地的哈马斯提供了数千万美元的援助。哈马斯单独控制加沙后，卡塔尔谴责以色列对加沙的经济封锁所导致的人道主义危机，并通过联合国驻加沙的相关机构、建设项目的承包商等，向该地投入大笔资金用于修建房屋、医院、学校、道路等基础设施，卡塔尔在加沙地带的重建中发挥了关键性的作用。

2009年，卡塔尔邀请哈马斯政治局领导人哈立德·迈沙阿勒出席多哈峰会，这是哈马斯领导人第一次与地区有影响力的大国首脑共同赴会。2011年叙利亚战争爆发后，哈马斯将办公总部撤出大马士革，准备迁往约旦或突尼斯，但均遭到了拒绝，卡塔尔又一次向哈马斯伸出了援助之手。2012年10月，卡塔尔埃米尔哈马德正式访问加沙地带，这是2006年哈马斯独立控制加沙地带以来，首位前往该地区访问的海湾国家元首，这打破了以色列对加沙的封锁，对哈马斯而言是极大的支持和鼓舞。卡塔尔同时提供数亿美元的援助，用于支持加沙地带的经济重建。2017年，卡塔尔迫于巴林、沙特、埃及、阿联酋等七国相继宣布与其断交的压力，要求一批哈马斯高层官员离开卡塔尔。

第三节　巴勒斯坦与伊朗的关系

一、伊朗巴列维王朝时期

巴列维王朝时期，巴解组织与伊朗反对派保持着良好关系。20世纪70年代霍梅尼流亡法国期间，部分伊朗反对派人士在黎巴嫩的巴勒斯坦营地接受军事训练。巴解组织支持霍梅尼领导的伊朗伊斯兰革命。

但就巴列维政府而言，自1948年以色列建国至1979年伊斯兰革命爆发，与以色列保持密切的、积极友好的合作关系。作为中东地区两个非阿拉伯国家，以色列和伊朗有着苏联和阿拉伯国家等共同的威胁对象。同时，伊朗是以色列重要的石油进口国，以色列是伊朗重要的武器来源国，且有大批以色列技术专家和商人前往伊朗协助发展项目，两国具有较强的互补优势。

二、1979年伊朗伊斯兰革命之后

1979年霍梅尼领导的伊斯兰革命取得胜利，伊朗建立了政教合一的政体。新政权拒绝承认"以色列国"，将它称为"犹太复国主义集团"，并断绝巴列维王朝时期与以色列的联盟友好关系，将原以色列大使馆移交给巴解组织，这致使伊、以关系急剧恶化。伊朗最高领袖霍梅尼将每年斋月的最后一个星期五定为"圣城日"（Qods Day），旨在宣告加强穆斯林之间的团结，支持巴勒斯坦人民的合法权利。自此之后，反对以色列和支持巴勒斯坦人民的解放战争，成为伊朗国内重要的意识形态及对外宣传的鲜明旗帜。

伊斯兰革命胜利后不久，巴解组织主席亚西尔·阿拉法特率代表团访问伊朗，伊朗总理马赫迪·巴扎尔甘（Mehdi Bazargan）主持了官方接待仪式，还将德黑兰的一条道路改名为"巴勒斯坦大街"。阿拉法特在伊朗各地组织成立了巴解组织办事处。但伊朗最高领袖霍梅尼呼吁"巴勒斯坦应以伊斯兰革命的原则为榜样"的理念，遭到了阿拉法特的拒绝。

20世纪80年代末，巴解组织承认"以色列国"的决定、哈马斯的

正式创立，以及 2011 年叙利亚战争爆发后伊朗政府和哈马斯态度的分歧，成为伊朗与巴勒斯坦关系变化的三个转折点。

第一，巴解组织寻求通过政治途径解决巴以冲突的实践，以及在两伊战争（1980—1988 年）加支持伊拉克萨达姆政权的态度，导致其与伊朗的关系迅速恶化。

1988 年，巴解组织主席阿拉法特承认了以色列的生存权，接受"两国方案"，呼吁与以色列进行和平谈判，并开始与美国进行对话。1989 年，伊朗新任最高领袖哈梅内伊谴责巴解组织领导人背叛了巴勒斯坦解放事业。此后，巴解组织虽与伊朗保持外交联系，但伊朗并未向巴解组织提供实质性的援助，转而支持巴解组织的对手哈马斯。

第二，1987 年年底，巴勒斯坦被占领土约旦河西岸和加沙地带爆发了第一次巴勒斯坦民族大起义，起义催生了哈马斯的产生，并为它提供了传播思想的平台，使其很快发展成为巴勒斯坦的第二大组织。

从伊朗角度而言，哈马斯具有的浓厚的伊斯兰教色彩和明显的反美国、反犹太复国主义倾向，这被积极"输出伊斯兰革命"的伊朗视为一支绝佳的可以团结的政治力量；从哈马斯方面来看，自建立之日起，它便一直处于孤立境地，在以色列重拳打击和西方严厉经济制裁的双重压迫下亟须获得外部援助。因此，在具有共同敌人和共同利益的基础上，哈马斯与伊朗的关系不断发展。伊朗每年为哈马斯提供大量的财政援助和武器支持，甚至提供军事培训基地。伊朗烈士基金会为数百名巴勒斯坦烈士家属提供生活帮助，伊朗最高领袖哈梅内伊经常为巴勒斯坦解放事业发声，提供政治和道义上的支持。伊朗作为公开支持哈马斯的中东国家之一，是哈马斯重要的外部依靠力量，哈马斯则是伊朗构建地区联盟过程中的重要一环，双方跨越教派形成了战略联盟关系。[①]

2001 年，伊朗主办了第二届"支持巴勒斯坦起义"的会议，巴解组织、哈马斯和伊斯兰圣战组织的代表出席了此次会议。伊朗最高领袖哈梅内伊高度赞扬巴勒斯坦人在 2000 年爆发的阿克萨起义中所表现出的勇敢和团结。2006 年 1 月，哈马斯赢得了巴勒斯坦立法委员会的选举，伊朗立即发送贺电。2 月，哈马斯政治局主席哈立德·马沙尔

[①]　陈天社：《伊朗与哈马斯关系探析》，《西亚非洲》2013 年第 3 期，第 79 页。

（Khalid Mishal）率代表团访问伊朗，伊朗最高领袖哈梅内伊称赞哈马斯拒绝承认以色列国的坚定态度，呼吁伊斯兰世界向巴勒斯坦新政府提供经济援助。此后，哈马斯领导人曾多次率团访问伊朗。

第三，2011年叙利亚战争爆发后，伊朗支持巴沙尔·阿萨德政权，而哈马斯持相反观点，致使双方关系恶化，伊朗大幅度削减对哈马斯的资金援助。

2015年8月，巴解组织高级官员艾哈迈德·马吉达拉尼（Ahmed Majdalani）访问伊朗，与伊朗外交部长穆罕默德·贾瓦德·扎里夫（Mohammad Javad Zarif）会面，就叙利亚战争、巴解组织和哈马斯的分歧、改善巴解组织和伊朗关系等问题进行了商讨。

2018年1月，哈马斯现任最高领导人伊斯梅尔·哈尼亚在向伊朗最高领袖发送的一封信中，强烈谴责美国政府将承认耶路撒冷为以色列首都的决定，提出发动一场针对以色列的起义将是目前最好的行动方案。[①]哈尼亚的信旨在进一步加强哈马斯与伊朗的关系。但就伊朗而言，5月特朗普总统宣布美国将退出"伊朗核协议"，并对其实施严厉的制裁，同时国内民众普遍抱怨政府向巴勒斯坦投入过多援助，而忽视国内经济的发展。这种国内外的双重压力使伊朗对巴勒斯坦的财政和军事援助也将受多方面的掣肘，但是政治和道义上的支持永远不会缺少。

第四节　巴勒斯坦与美国的关系

巴以冲突持续近七十年无法解决，这与以色列背后最坚定的支持者——美国的角色不可分割。

1964年巴解组织成立初期，并没有受到美国的特别关注，只是在纽约设立了一个非正式的巴解组织新闻办公室。美国当时并没有真正意义上的巴勒斯坦政策，在美国看来，帮助犹太人建立犹太民族家园是巴以政策核心。巴勒斯坦人只是美国眼中的"阿拉伯难民"。

---

① Ahmad Majidyar, "Iran and Hamas Seeking to Further Boost Relations", Middle East Institute, 25 January 2018, http://www.mei.edu/content/io/iran-and-hamas-seeking-further-boost-relations, 登录日期：2018年2月1日。

1967年"六·五"战争结束后，美国开始考虑在约旦河西岸和加沙地带建立巴勒斯坦国的事宜。1973年"十月战争"之前，美国政府将阿拉法特领导的"法塔赫"定为恐怖主义组织，因此不支持巴勒斯坦加入联合国。尽管对巴解组织持否定态度，但美国国务院官员认为巴勒斯坦因素至关重要。1974年开始，美国政府逐步考虑接受巴解组织作为中东和平进程的伙伴。但由于坚定支持以色列政府，美国要求巴解组织必须明确承认以色列国，并将其列为与之谈判的先决条件。

卡特总统在一定程度上改变了这一现状，他是第一位倡导建立巴勒斯坦国的美国总统，他曾说"必须为遭受许多年苦难的巴勒斯坦难民提供一个家园"。巴解组织领导人也试图与美国政府达成协议。由于双方相对积极的立场，1978年5月1日，巴解组织在华盛顿特区建立了巴勒斯坦新闻办公室。但总体来看，卡特在巴勒斯坦问题上并没有取得任何实际性进展，因为他致力于促进以色列和埃及的双边协议，而与巴解组织的接触显然不利于该协议的达成。

里根总统对巴解组织采取了更为严厉的态度，他一直反对建立巴勒斯坦国或与巴解组织谈判及建立外交关系。

1988年，巴解组织正式承认以色列国的存在，并开始与美国政府公开对话。苏联解体之后，以色列的战略地位有所下降，美国在保护以色列生存权利的同时也努力推动与阿拉伯世界的关系，特别是调节巴以冲突。对巴解组织来说，美国开始约束以色列的行为让其看到希望，美国与巴解组织的沟通也得到加强。布什总统推动巴以双方在1991年马德里和平会议上达成协议。1993年9月，在以色列政府与巴解组织签署《奥斯陆和平协定》前夕，克林顿总统宣布恢复和重启1990年暂停的美国与巴解组织的对话。随后，美国政府积极为巴勒斯坦权力机构提供技术援助。1994—1995年，克林顿总统曾两次下令拨款数百万美元用于建立巴勒斯坦警察。1998年12月，克林顿总统成为第一位访问巴勒斯坦的美国总统。

2004年在阿拉法特去世后，新任巴勒斯坦民族权力机构主席阿巴斯成为美国白宫的常客。奥巴马政府从一开始就承诺支持建立巴勒斯坦国。2011年，美国政府向巴勒斯坦权力机构提供了2亿美元的直接预算支持。

特朗普总统上台后，在巴以问题上表态绝对支持以色列。2017年

12月，特朗普总统宣布美国承认耶路撒冷为以色列首都，这让巴解组织严重不满，巴主席阿巴斯表示"特朗普的决定表明美国已不再拥有调解者角色"。美国与巴解组织关系迅速恶化。

总体来看，美国与巴解组织的关系受制于美以关系的影响，而美国长期支持且偏袒以色列的政策是美巴关系无法真正改善的根本原因。由于巴勒斯坦内部政治派别分立，长期受以色列的管控和压制导致经济发展落后，因此在实现独立建国的进程中，还无法完全摆脱美国因素的影响，这是当前巴勒斯坦解放运动面对残酷的"丛林法则"时无法改变的现状。

第五节　巴勒斯坦与欧洲的关系

近现代史上英法等欧洲国家对巴勒斯坦地区的殖民侵略，以及在巴以冲突中不公正的态度，是巴勒斯坦问题产生的根源以及巴以冲突长期无法解决的重要因素。

20世纪70年代末，欧洲与巴解组织的关系开始出现缓和迹象。其一，数次中东战争中巴勒斯坦人员的大量伤亡和越来越多的巴勒斯坦难民的出现，使奉行人道主义原则的欧洲开始同情巴勒斯坦人的遭遇；其二，庞大的难民群体涌入欧洲，对其自身的经济、安全、环境等造成一定压力；其三，欧洲开始提倡通过政治谈判解决巴以冲突，积极支持巴勒斯坦解放事业可以提升自身在中东地区的影响力，以及塑造和平的外部形象。1999年的《柏林宣言》中，欧盟首次赞同巴勒斯坦建国。

在对待巴勒斯坦问题上，欧盟坚持认为除巴以双方签署的协议外，不承认1967年之后巴以边界的任何变化；依据国际法，欧盟认为以色列的犹太人定居点属于非法建立；批评以色列在巴勒斯坦领土和黎巴嫩的军事行动，并呼吁立即停火；批评以色列对加沙封锁；欧盟并未承认以色列吞并东耶路撒冷，认为巴勒斯坦国必须在东耶路撒冷设立首都。

2017年12月，特朗普宣布承认耶路撒冷为以色列首都之时，欧洲国家集体表示反对，并拒绝将大使馆迁到耶路撒冷以支持巴勒斯坦一方，这显示出欧洲国家外交上的独立自主，以及欧洲国家近年来在巴以问题上所持有的"同情弱势、反对制造不公正和恐怖主义"的立场。

总体而言，当前欧洲国家与巴勒斯坦之间的关系相对稳定。截至2015年，共有9个欧盟成员国承认巴勒斯坦国。英国、法国等认为，推进巴勒斯坦问题的解决和中东地区稳定，有利于防止难民危机进一步扩散，并且遏制恐怖主义向欧洲的蔓延；支持巴勒斯坦人的正当权利和奉行相对公正的巴以调停政策，可以提高自身在中东地区的影响力。同时，欧盟每年为巴勒斯坦提供数额庞大的经济援助。

第六节　巴勒斯坦与俄罗斯的关系

✤ 一、苏联时期

随着第二次世界大战的结束，苏联成为唯一能够与美国对抗的超级大国。强大的政治军事实力，使得莫斯科方面有意将其力量投射到此前极少涉足的巴以问题上。

1947年，苏联表示同意联合国181（Ⅱ）号分治决议方案，承认以色列国家合法性，遭到了巴勒斯坦的谴责。苏联虽持有官方的反犹太复国主义的立场，但本着务实的外交政策，与英、美展开"大中东"的政治利益的争夺战。随着以色列最终倒向西方和美国，苏联开始支持阿拉伯人。

20世纪60年代，苏联并未看好巴解组织，但出于遏制第三次中东战争中以色列的绝对性优势，苏联与巴解组织交好。1967年，阿拉法特当选为巴解组织主席，多次访问苏联，并与苏联建立了牢固的双边关系。

70年代，随着苏联在埃及影响力的下降，苏联致力于加强与巴勒斯坦各政治派别的关系，将大量的军事武器输送到巴勒斯坦境内。阿拉法特于1978年10月29日至11月1日访问莫斯科时，苏联当局最终承认巴解组织是"巴勒斯坦人民的唯一合法代表"。同时，苏联敦促巴解组织和阿拉法特接受联合国第242号决议，承认以色列并开始和平谈判。

❧ 二、苏联解体之后

1991年苏联解体后，俄罗斯继续支持巴勒斯坦的解放事业。俄罗斯在外交中保持有利于以色列和巴勒斯坦人双方和平与交往的"平衡"方式，并在1993年明确表达支持中东和平进程和《奥斯陆和平协议》的立场。

2006年，哈马斯在巴勒斯坦民族机构立法委员会的选举中获胜，获得多数席位。2月，普京表示，他并不认为哈马斯是一个恐怖组织，俄罗斯外交部长拉夫罗夫在3月的会谈中，呼吁哈马斯遵守与巴解组织早先的承诺，尊重阿巴斯的"权威和能力"，表明俄罗斯仍继续支持建立巴勒斯坦国和中东的持久和平。

2007年阿巴斯解散联合政府后，俄罗斯表示支持阿巴斯合法地位，同时呼吁巴勒斯坦各政治派别通过对话协商解决分歧。2010年1月26日，阿巴斯会见了时任俄罗斯总统德米特里·梅德韦杰夫，讨论了中东局势。梅德韦杰夫总统表示，他希望利用俄罗斯的影响力来解决中东冲突。他还提到了两国之间长期友好和根深蒂固的外交关系。

2010年3月19日，由联合国、美国、俄罗斯和欧盟组成的"中东问题四方"呼吁恢复以色列和巴勒斯坦人之间的和平谈判，同时还呼吁以色列冻结定居点建设并恢复与巴勒斯坦人的和平谈判。2011年2月，俄总统梅德韦杰夫访问巴勒斯坦期间，公开表示支持建立以东耶路撒冷为首都的独立的巴勒斯坦国，11月27日，正式向巴勒斯坦总统阿巴斯发出支持巴勒斯坦建国的信函。2012年5月巴勒斯坦各政治派别实现和解后，俄罗斯邀请各派在莫斯科就落实和解协议进行磋商。6月，俄总统普京访问巴勒斯坦，11月，第67届联大表决授予巴勒斯坦联合国观察员国地位的决议草案，俄投赞成票。2013年3月、2015年4月和2017年5月，阿巴斯多次访问俄罗斯，同俄总统普京举行会谈。2018年2月，阿巴斯访问俄罗斯，同普京总统举行会谈并达成长期友好和交往互信的外交愿景。

第七节   **"一带一路"倡议下中国与
巴勒斯坦关系的发展**

中国是最早支持巴勒斯坦民族解放运动并承认巴解组织和巴勒斯坦国的国家之一。近年来，中巴双边关系平稳向前发展。在政治交往领域，中国政府和人民一贯支持巴勒斯坦人民争取恢复合法民族权利的正义事业，支持建立以1967年边界为基础、以东耶路撒冷为首都、享有完全主权的巴勒斯坦国，支持建立新的中东问题促和机制，支持一切有助于促进巴以和平的国际努力，支持以对话解争端、以协商化分歧、以实际行动尽快恢复和谈，支持早日实现"两国方案"。在经济合作领域，21世纪以来，中国和巴勒斯坦的双边贸易额不断上升，其中中国向巴勒斯坦的出口额约占总贸易额的99%以上。同时在平等互利、共同发展的原则的基础上，中国为支持和帮助巴勒斯坦减少贫困、改善民生提供了一定的援助，主要用于建设医院、学校、打井供水项目，以及技术合作、物资援助和紧急人道主义援助等领域的项目。在文化互动领域，中国与巴勒斯坦签署多项文化教育合作协定，中国教育部接受多名前来中国高校和专业机构学习的巴勒斯坦留学生，并为其提供教育奖学金，以共同提高文化艺术领域合作水平、推动教育领域的交流合作。2013年，中国国家主席习近平在出访中亚和东南亚国家期间，先后提出共建"丝绸之路经济带"和"21世纪海上丝绸之路"的重大倡议，巴勒斯坦作为"一带一路"沿线上的重要国家，中巴双边合作将向更高水平和更宽领域发展。

❀ 一、政治交往——巴勒斯坦问题上的中国态度与作为

中国政府和人民一贯支持巴勒斯坦人民争取恢复合法民族权利的正义事业，积极促进通过谈判和政治对话来解决巴以冲突。

（一）支持恢复巴勒斯坦人民的民族权利

1955年在印度尼西亚万隆召开的亚非会议上，中国开始了解和关注巴勒斯坦问题。中国代表团投票支持的《亚非会议的最后公报》中，就宣布坚决维护按照联合国宪章以和平方法解决国际争端的原

则，支持巴勒斯坦阿拉伯人民的权利，实施联合国关于巴勒斯坦的各项决议和实现巴勒斯坦问题的和平解决。

1964年1月，周恩来总理访问摩洛哥时发表的《联合声明》中提到："支持阿拉伯巴勒斯坦人民，它的不幸对于中东地区和平与安全构成了一个长期威胁。"1964年1月阿拉伯第一次峰会召开后，中国报纸上发表了一篇政论分析，其中提到"中国人民坚决支持阿拉伯人民收回在巴勒斯坦的天然权利，周恩来总理在他出访非洲国家时多次强调了中国政府和人民的这一公正、神圣立场，中国人民将坚决捍卫这一立场，全力支持巴勒斯坦人民"。

1964年5月，巴解组织正式成立。次年3月，应中国人民外交学会的邀请，巴解组织执委会主席艾哈迈德·舒凯里率代表团正式访问中国，与毛泽东、刘少奇、周恩来、陈毅、萧向荣等高级党政军领导人举行了亲切友好的谈话，双方就巴勒斯坦问题，即中国人民支持巴勒斯坦阿拉伯人民的斗争、加强中国人民和阿拉伯各国人民的团结反帝事业、促进亚非团结以及其他共同关心的重要问题，坦率地交换了意见，取得了一致的认识。访问期间，中国人民外交学会和巴解组织在北京签署了联合声明。双方一致认为，巴勒斯坦问题的实质是以美国为首的帝国主义和犹太复国主义的侵略与巴勒斯坦阿拉伯人民和阿拉伯各国人民的反侵略问题；巴勒斯坦阿拉伯人民的斗争是亚非人民反对以美国为首的国际帝国主义的伟大斗争的一个组成部分；中国对巴勒斯坦阿拉伯人民反对犹太复国主义的英勇斗争和他们的领导者、巴解组织主席在国际事务中和阿拉伯事务中反对美帝国主义和犹太复国主义的作用表示赞扬和敬佩，中国人民坚决支持巴勒斯坦阿拉伯要求重返家园和恢复权利的正义斗争；双方同意巴解组织在北京设立享有外交机构待遇的办事处，以加强彼此之间的合作。

1967年"六·五"战争爆发，次日，周恩来总理致电舒凯里主席，表示这场战争是在美英帝国主义的策动和支持下，以色列悍然对阿拉伯国家和人民发动的大规模武装进攻，中国坚决支持巴勒斯坦人民和阿拉伯各国人民正在进行的正义的反侵略战争。

1969年2月，法塔赫领导人亚西尔·阿拉法特当选为巴解组织执委会主席。次年3月，阿拉法特主席率团访问中国，双方建立了更加密切的友好关系。5月，周恩来总理写信给阿拉法特主席，信件中强烈谴责美以的侵略行径，对巴勒斯坦游击队在抗击美以入侵黎巴嫩的战斗中英勇奋战的革命精神表示钦佩。

1971年11月，中国在联合国的合法席位恢复之后，乔冠华以中国代表团团长的身份第一次出席第26届联合国大会，在发言中提到中东问题时，他表述道："中东问题的核心是以色列犹太复国主义发动的对巴勒斯坦和阿拉伯人民的侵略，中国政府和人民坚决支持巴勒斯坦和阿拉伯人民反侵略的正义斗争。中国政府认为所有热爱和平、正义的国家和人民都有责任支持巴勒斯坦和其他阿拉伯各国人民的斗争，任何人没有权力签订违背他们意愿、出卖他们的生存权和民族利益的政治交易。"

1981年11月，赵紫阳总理发电报给在纽约联合国总部召开的"声援巴勒斯坦人民国际日"第四次纪念会，重申巴勒斯坦问题是中东问题的核心，巴解组织是中东地区一支不容忽视的政治力量，中国政府和人民坚决支持巴勒斯坦和阿拉伯各国人民的正义斗争，呼吁国际社会公正、全面地解决中东问题，恢复巴勒斯坦人民的合法民族权利。

1982年6月，面对以色列当局侵占黎巴嫩首都贝鲁特和野蛮屠杀巴勒斯坦平民的严重罪行，中国外交部发言人、中国人民对外友好协会以及国务委员兼外交部部长黄华在联合国大会上都表示强烈谴责，要求以色列立即无条件地从黎巴嫩撤出全部军队，撤出1967年占领的阿拉伯领土（包括耶路撒冷），恢复巴勒斯坦人民返回家园、民族自决和建立国家的民族权利。

（二）宣布承认巴勒斯坦国与两国建交

1988年11月15日，第19次巴勒斯坦全国委员会特别会议在阿尔及利亚召开，会上通过了巴勒斯坦《独立宣言》，确认接受安理会第181号决议和第242号决议，宣告巴勒斯坦国成立。

当天，新华社发表了题为《祝巴勒斯坦国诞生》的评论员文章，热烈祝贺新生的巴勒斯坦国，指出其诞生是巴勒斯坦人民40年来坚持奋斗的胜利结晶，是巴解组织领导巴勒斯坦各阶层人民为恢复合法民族权利进行英勇不屈斗争的重大成果，是中东地区具有战略意义的历史事件。从此，巴勒斯坦国将以独立、平等的资格出现在国际舞台上，但其领土仍被以色列占领，利库德集团领导人仍顽固地否认巴勒斯坦的存在，巴勒斯坦问题的最终解决还要经历艰难、曲折的斗争历程。

11月20日，中华人民共和国外交部发表声明，宣布中国政府充分尊重巴勒斯坦人民所做出的选择，决定承认巴勒斯坦国，两国建交。12月31日，巴解组织驻京办事处改为巴勒斯坦国驻华大使馆，其主任改任巴勒斯坦国驻华大使。1990年7月5日起，中国驻突尼斯大使兼任驻巴勒斯坦国特命全权大使。2008年6月起，中国驻巴办事处主任（大使衔）全权负责同巴勒斯坦交往事宜。1995年12月，中国在加沙设立驻巴民族权力机构办事处（2013年更名为巴勒斯坦国办事处），2004年迁至拉姆安拉。现任中国驻巴勒斯坦国办事处主任是郭伟。巴勒斯坦国驻华大使为法里兹·马赫达维。

（三）中国与巴以和平进程

1989年11月，李鹏总理致电纽约"声援巴勒斯坦人民国际日"大会主席，认为通过政治途径解决中东问题是最理想的选择；支持召开由联合国主持的中东和平国际会议，支持各方进行各种形式的对话；呼吁以色列当局审时度势，改变僵硬立场，实现中东公正、全面和持久的和平。

1991年10月，中东和会在西班牙首都马德里召开。虽然中国一贯主张"在适当时机，经过充分准备，在联合国主持下召开有安理会五个常任理事国和其他有关各方参加的中东和平国际会议"，但由于美国和以色列政府的顽固坚持，90年代初巴解组织和中东部分国家被迫同意约旦河西岸的巴勒斯坦人代表和约旦组成约巴联合代表团出席马德里和会。随后，中国政府表示尊重巴解组织和阿拉伯国家的选择，支持马德里和会的召开。1992年1月底，中国参加在莫斯科举行的中东第三阶段会谈，与会代表阐述了中国解决中东问题的原则和三点立场：巴勒斯坦人民的合法民族权利应当恢复；阿拉伯失地应予以归还；以色列的安全和主权也应得到尊重和保护。同时，中国还派代表参加了地区经济发展、环境、水资源与难民问题、军控与地区安全等小组会议。

1994年5月7日，国务院副总理兼外交部部长钱其琛对巴以签署的《加沙—杰里科先行自治协议》表示祝贺，认为这是中东和平进程中的一个重大的积极成果，证明了谈判和政治对话才是解决问题的最佳方式。

1997年12月，钱其琛对巴勒斯坦等中东五国进行了正式访问，在开罗记者招待会上，他就推动中东和平进程提出了中国政府的五点主张，其中包括"以联合国有关中东问题的各项决议为基础，遵循马德里和会确定的'以土地换和平'原则，将中东和谈进行下去"等。钱其琛在巴勒斯坦总统府会见巴勒斯坦民族权力机构主席阿拉法特时，表示支持巴勒斯坦人民的正义事业，支持巴继续采取灵活、务实的态度推动和平进程，珍视中巴传统友谊和友好合作关系，这些都对推动巴以和平进程产生了积极影响。

2006年5月，巴外交事务部长扎哈尔来华出席中阿友好合作论坛部长级会议。12月，中国外交部部长助理翟隽访问巴勒斯坦。2007年6月，巴外交事务部长阿姆鲁来华访问。阿巴斯主席曾访华20余次，其中至少9次为正式访华。

2013年5月，阿巴斯第一次以巴勒斯坦总统身份访华，与国家主席习近平就发展双边友好合作关系达成一系列重要共识。习近平主席就推动解决巴勒斯坦问题提出四点倡议，即应该坚持巴勒斯坦独立建国、巴以两国和平共处这一正确方向；应该将谈判作为实现巴以和平的唯一途径；应该坚持"土地换和平"等原则不动摇；国际社会应该为推进和平进程提供重要保障。并强调中方坚定支持巴勒斯坦人民的正义事业，愿同巴方一道传承和发展中巴友好合作。阿巴斯总统感谢中方长期给予的支持和帮助，希望同中方在政治上加强理解和支持，在经贸上加强合作，积极欢迎中国企业在巴勒斯坦投资。

2015年6月8日，中国新任驻巴勒斯坦办事处主任安瓦尔在拉姆安拉向巴总统阿巴斯递交了介绍信，表示中国始终视巴勒斯坦问题为中东问题核心，将一如既往坚定支持巴勒斯坦人民寻求独立建国的正义事业。作为新任驻巴代表，愿为巩固中巴友好关系、深化务实合作而不懈努力。阿巴斯总统表示巴中友好源远流长，双边关系发展顺利，各领域、各层次交流频繁，感谢中国对巴的一贯政治支持和经济援助。巴方希望以"一带一路"建设为契机，推动双边合作向更高水平和更宽领域发展。

2016年1月21日，中国国家主席习近平在阿盟总部发表了题为

《共同开创中阿关系的美好未来》的演讲，其中指出巴勒斯坦问题是中东的根源性问题，强调维护巴勒斯坦人民合法民族权益是国际社会的共同责任，巴勒斯坦问题不应被边缘化，更不应该被世界遗忘。中国坚定支持中东和平进程，支持建立以1967年边界为基础、以东耶路撒冷为首都、享有完全主权的巴勒斯坦国。中国理解巴勒斯坦以国家身份融入国际社会的正当诉求，支持建立新的中东问题促和机制，支持阿盟、伊斯兰合作组织为此做出的努力。

2017年6月，中国常驻联合国代表刘结一大使在联合国安理会巴勒斯坦问题公开会上发言指出，巴勒斯坦独立建国、巴以和平共处是国际社会必须坚持的正确方向；巴以持续释放善意、尽快恢复对话是符合双方人民利益的明智选择；国际社会凝聚共识、形成合力是解决巴以问题不可或缺的外部条件。巴以双方是命运共同体，只有以对话解争端、以协商化分歧、以实际行动尽快恢复和谈，早日实现"两国方案"，中方支持一切有助于促进巴以和平的国际努力。

7月18日，巴勒斯坦国总统阿巴斯应邀来华访问。习近平主席在与其会见之时，就停滞不前的巴勒斯坦问题提出四点主张，即坚定推进以"两国方案"为基础的政治解决路径；坚持共同、综合、合作、可持续的安全观；进一步协调和壮大国际促进和平的力量；综合施策，以发展促和平。这四点主张是中国基于当前形势和国际大环境，为解决巴勒斯坦问题做出的新努力，它切中了当前巴勒斯坦问题的集中要害，其既是中国促进中东和平事业的最新外交实践，也进一步阐释了当代中国中东外交的深刻内涵，受到巴方和阿拉伯国家的高度重视和欢迎。阿巴斯此次访华，反映出巴方对中国"以发展促和平"理念参与和引领巴问题解决方案的高度信任，愿意通过中巴科技、基础设施、工业园区、旅游等合作，举办巴以和平人士座谈，建立中巴以三方对话机制等举措，为解决巴勒斯坦问题和推动中巴双边关系的发展创造新机遇。

巴勒斯坦问题是中东和平的根源性问题，推动这个核心问题的解决，对实现中东整体和长久的和平稳定有着至关重要的作用。自巴勒斯坦问题产生以来，中国就站在正义和道义的制高点上。二十世纪五六十年代，中国坚定支持阿拉伯民族解放运动，支持巴勒斯坦人民恢复合法权益的正义斗争。改革开放后，面对强权政治，中国坚决捍卫国际关系基本准则，多次强调一个国家的命运和发展道路只能由其人民自行决定。十八大以来，中国的中东外交又添加了新的内涵，即命运共同体理念强调中东是一个不可分割、相互依存的整体；新安全观主张摒弃零和思维，破解了和平与安全孰先孰后的难题；"一带一路"倡议与发展促和平理念，为和平如何从无到有、如何行稳致远指明了路径。总而言之，中国一直致力于根据巴以形势的变化发展，努力提出中国方案，展示中国智慧，合适恰当地发挥中国作用。

❖ 二、双边经贸合作与中国对巴经济援助

（一）中国和巴勒斯坦双边经济贸易

20世纪90年代之后，中国和巴勒斯坦之间的经贸关系开始逐步发展。1993年9月，江泽民主席与来华访问的阿拉法特主席在会谈中提到，中国对发展中巴经贸合作秉持积极态度，愿意在平等互利的基础上与巴方探讨多种合作途径，愿意积极参与巴勒斯坦的重建工作。会谈结束后，两国政府代表签署了《中国和巴勒斯坦经济技术合作协定》。1996年，阿拉法特主席访华之际，中国和巴勒斯坦签署了经济技术合作的相关协定，表明两国经贸合作继续深入发展。1998年，中国与巴勒斯坦的双边贸易总额为866万美元，其中中国向巴勒斯坦出口货物的总额约为865万美元，中国从巴勒斯坦进口货物总额约为6 000美元。

根据《中国统计年鉴》数据显示（如表7-1所示），21世纪以来，中国和巴勒斯坦的双边贸易额不断上升。2000年中国和巴勒斯坦之间的进出口额为623万美元，其中中国向巴勒斯坦出口额为615万美元。2005年进出口额突破2 000万美元，2009年受金融危机的影响，中巴贸易额有所下降。2013年双边贸易额达到9 086万美元，同比增长121.6%。2006—2015年，中国和巴勒斯坦的总贸易额为4.83亿美元，中国向巴勒斯坦出口货物的总额为4.80亿美元，中国从巴勒斯坦进口货物总额为382万美元，中国出口额约占总贸易额的99.2%。

表7-1　2006—2015年中国与巴勒斯坦的双边贸易总额　　　单位：万美元

	2006	2007	2008	2009	2010	2011	2012	2013	2014	2015
进出口总额	2 807	3 765	4 103	2 432	2 637	4 886	4 101	9 086	7 559	6 969
出口总额	2 786	3 750	4 078	2 357	2 601	4 782	4 067	9 068	7 551	6 925
进口总额	21	15	25	75	36	104	34	19	9	44

数据来源：中华人民共和国国家统计局出版的《中国统计年鉴》（2005—2016年），引自http://www.stats.gov.cn/tjsj/ndsj/，笔者统计所得。

2005年5月，中巴双方代表签署了《中华人民共和国政府和巴勒斯坦国政府经济、贸易和技术合作协定》，旨在推动两国在贸易、工业、农业、畜牧业、投资等领域开展合作项目，交流经验、技术信息和专业信息，互办展览，推动公有私有企业的互访。为了保证该协议顺利实施和进一步加强两国间的合作，双方商定成立中巴经济贸易技术合作委员会，简称为"经济混委会"，代表巴勒斯坦国签署协议的是国民经济部部长马赞·塞格拉塔。2006年、2008年、2009年和2011年中巴双方签署了《中华人民共和国政府和巴勒斯坦国民族权力机构经济技术合作协定》，2013年中巴签署了《中华人民共和国政府和巴勒斯坦国政府经济技术合作协定》，这些协议对推动中巴经济合作产生了积极影响。

（二）中国对巴勒斯坦的经济援助

在坚持不附带任何政治条件，不干涉受援国内政，平等互利、充分尊重受援国自主选择发展道路和模式的权利的基础上，中国为支持和帮助巴勒斯坦减少贫困、改善民生，提供了一定的对外援助。对外援助资金包括无偿援助、无息贷款和优惠贷款三种方式，中国对巴勒斯坦的援助大都属于无偿援助，其重点用于帮助受援国建设医院、学校、低造价住房、打井供水项目等中小型社会福利项目，以及实施人力资源开发合作、技术合作、物资援助和紧急人道主义援助等领域的项目。

21世纪之前，中国就开始在经济上援助巴勒斯坦人民和巴勒斯坦民族权力机构，拨出专款在约旦河西岸和加沙地带的巴勒斯坦领土上修建各种生活和服务等基础性设施。1999年3月，中国在加沙市完成了4千米的海滨道路建设，并陆续参与医疗诊所、大学院系、拉姆安拉市巴勒斯坦外交部所在地的修建工作，且总在危急事件发生时提供及时的援助。2000年9月阿克萨起义爆发后，中国援助巴勒斯坦的法学院大楼、库巴幼儿园和中国医疗中心项目等被迫中断。21世纪之后，中国通过多种方式向巴勒斯坦提供无偿援助（见表7-2），这为巴勒斯坦的经济建设做出了积极贡献。

表7-2 21世纪以来中国援助巴勒斯坦的相关协议

日期	中方代表	巴方代表	援助内容
2002年12月10日	驻巴勒斯坦办事处吴久洪大使	巴勒斯坦计划与国际合作部纳比勒·沙阿斯部长	双方在加沙签署包括中国向巴勒斯坦提供2 000万元人民币无偿援助的经济技术合作协定，该笔援助将用于双方商定的项目
2005年6月20日	李肇星外长	外交事务部基德瓦部长	签署中国援建巴外交部大楼、为巴培训外交官和警察、加沙三项目撤换为巴提供现汇及板房或建材等换文
2006年12月7日	外交部部长助理翟隽	巴勒斯坦主席府秘书长塔伊布	签署中国向巴勒斯坦提供无偿援助的经济技术合作协定
2008年3月15日	驻巴勒斯坦办事处主任杨伟国	巴勒斯坦主席府秘书长塔伊布	提供中国向巴勒斯坦捐赠用于加沙地点紧急人道主义援助的50万美元现汇的换文；向巴勒斯坦民族权力机构主席府提供一批办公设备等物资援助的交接证书
2008年7月22日	驻巴勒斯坦民族权力机构办事处主任杨伟国	巴勒斯坦过渡政府青年和体育部塔哈尼部长	提供中国政府向巴勒斯坦捐赠一批文体用品的换文

（续表）

日期	中方代表	巴方代表	援助内容
2008年12月3日	驻巴勒斯坦办事处主任杨伟国	巴勒斯坦主席府办公厅主任侯斯尼	签署有关中国向巴勒斯坦提供援助的经济技术合作协定
2009年1月1日	驻巴勒斯坦民族权力机构办事处主任杨伟国	巴勒斯坦民族权力机构主席阿巴斯的外事顾问麦吉迪	中国向巴勒斯坦民族权力机构提供100万美元的紧急人道主义现汇援助换文在拉姆安拉确认，规定上述现汇援助将由巴方购买急需物资
2009年3月2日	中国中东问题特使孙必干		在埃及沙姆沙伊赫举行的加沙重建国际会议上，代表中国政府宣布向巴勒斯坦民族权力机构提供1 500万元人民币无偿援助，用于修复在加沙冲突中被破坏和摧毁的若干所小学
2016年1月21日	中国国家主席习近平		在阿盟总部发表的演讲中提出为改善巴勒斯坦民生，中国决定向巴方提供5 000万元人民币无偿援助，并将为巴勒斯坦太阳能电站建设项目提供支持

❖ 三、文化交流

在文化互动领域，中国与巴勒斯坦签署多项文化教育合作协定，中国教育部接受多名前来中国高校和专业机构学习的巴勒斯坦留学生，每年提供约100个政府间奖学金名额。截至2015年，中国通过政府建渠道共接受615名巴勒斯坦留学生。

2004年9月，中巴签署《中华人民共和国政府和巴勒斯坦国政府文化教育合作协定》，其中若干条款都旨在提高文化艺术领域合作水平、推动教育领域的交流合作。该协定商定加强中巴双方在翻译和出版等领域的合作，加强图书馆、博物馆、档案馆之间的联系，加强两国在考古、收藏、文物保护和文化产权领域的合作，并为两国教育领域的专家、教师、学生交流和举办文化活动提供便利。代表巴勒斯坦国签署该协议的是文化部部长叶海亚·叶海鲁夫。

2013年5月，中巴为加强两国业已存在的友好关系，促进两国在文化、教育和出版领域的合作，在两国法律和现行制度的框架内，根据平等互利的原则签署了《中华人民共和国政府和巴勒斯坦国政府文化教育合作协定2013—2016年执行计划》。具体条文如下：

第一条

双方同意按下列方式致力于发展和促进双边文化艺术方面的合作：

（一）互派文化负责人访问。

（二）互相在对方国家举办文化艺术活动（包括文化周）和展览，并鼓励互相参加在对方国家举办的学术展览和国际图书展。

（三）互派民间艺术团体访问演出。

（四）互派作家、艺术家、音乐家访问。

（五）双方大学在对方大学举办文化日。

（六）互办电影节和戏剧节。

（七）中方向巴勒斯坦的文化艺术机构提供必要的仪器和设备以促进其发展，具体事宜通过外交途径另行商定。

第二条

双方在教育领域积极开展交流与合作，具体如下：

（一）为两国教育机构中的教师、专家以及学生交流提供便利。在本协定执行期间，中方向巴方提供80人／年的中国政府奖学金名额，即每年在华的留学生总数不超过80人。巴方将按照中国接受外国留学生的规定和招生条件，办理报考和入学手续。奖学金生的国际旅费由派遣方负担。

（二）根据两国正在实施的计划，为教师和教育行政人员的培训提供机会。

（三）双方互换信息学、计算机、数学、科学教育方面的经验。

第三条

双方鼓励相互翻译、出版对方的优秀出版物，互换文学、科学和艺术方面的书刊和资料。

第四条

双方鼓励两国的图书馆、博物馆和国家档案馆之间建立交流与合作关系，具体如下：

（一）鼓励考古挖掘、博物馆管理方面的专家、专业技术人员进行互访。

（二）鼓励互访团组参观对方国家的古迹和博物馆。

（三）交换文物、博物馆方面的资料、手稿及先进的保护方法。

（四）加强两国在文化遗产保护方面的合作。

第五条

双方同意在需要时为实施本协定签署年度执行计划进行协商。

第六条

本协定应在缔约双方完成各自国家的法律程序后相互书面通知，并自后一份书面通知发出之日起生效，有效期为五年。

2014年9月，穆罕默德·卡提姆·拉希德·萨瓦拉率巴勒斯坦友好人士考察团访问中国伊斯兰教协会，双方就两国伊斯兰教界的友好交往和学术交流进行了磋商与交流。

2015年9月15日，巴勒斯坦圣城大学举办中国图片展。中国驻巴勒斯坦办事处主任陈兴忠在图片展开幕式上强调，文化交流是中巴关系的重要组成部分，青年是中巴关系的未来和联系纽带，两国青年应依托文化、借鉴历史、增进了解，为中巴友谊发展带来新动力。

2017年7月1日，中国国际食品安全与创新技术展览会在北京举行，展会上进行了巴勒斯坦旅游美食文化推介活动，播放了巴方的宣传影片，展示了两段巴勒斯坦传统舞蹈，并介绍了巴勒斯坦的文化、宗教、旅游业等相关情况。中国经济网常务副总经理雷越在致辞中强调，此次推介会只是一个良好的开端，在"一带一路"倡议背景下，希望与巴勒斯坦驻华使馆保持长期的沟通和交流，继续为两国之间企业和经济发展搭建桥梁，促进更多的合作项目。巴勒斯坦驻华大使法里兹·马赫达维表示，中巴两国一直保持良好的友邦关系，巴方在经济、外交、政治等诸多方面均得到了中国的援助和支持。中巴两国在文化交流、旅游、经贸合作等多个领域存在广阔的发展空间，欢迎和期待中国的年轻人到巴勒斯坦旅游，体验独特的异域文化，感受耶路撒冷的历史风貌。

第八章 经济

巴勒斯坦国土面积狭小、资源匮乏、人口密度高，且长期受巴以冲突的影响，国内经济发展十分缓慢。巴勒斯坦经济以农业为主，工业极不发达，且在原料供给、市场配额、进出口贸易、交通运输等方面很大程度上受制于以色列。虽然巴勒斯坦自治政府推行宽松、开放、自由的私有经济政策，但在国内仍尚未形成独立完善的经济体系。整个巴勒斯坦的经济严重依赖于国际社会的援助。

第一节 经济发展历程

一、英国委任统治时期

英国对巴勒斯坦长达20多年的委任统治时期，着重投资建设巴勒斯坦的交通运输和通信设施，致力于将其建设为连接英国与伊拉克、叙利亚、沙特等阿拉伯国家的重要枢纽。委任统治政府在海法建设了当时中东地区最大的现代化港口，将雅法扩建成能管理当地进出口业务的大海港，将特拉维夫建成一个大型的新港口，并在巴勒斯坦境内建设新的公路网和铁路线，将耶路撒冷、希伯伦、雅法、杰里科、纳布卢斯等重要城市连接起来。

委任统治政府也在巴勒斯坦修建电话设施和广播站，铺设电缆，建立与阿拉伯世界、伦敦之间的邮政路线。现代化运输和通信体系的建立，促进了巴勒斯坦国际贸易的发展。巴勒斯坦进口的商品主要有工业器械、消费产品和食品，出口柑橘、葡萄柚等农产品。1939年海法石油精炼厂建成之后，石油产品在出口量中的份额逐渐增大。这一时期，巴勒斯坦一度被认为是中东最繁荣的地区之一。

经济的繁荣并未给巴勒斯坦农民带来福利，社会贫富差距悬殊。绝大多数土地集中在极少数家族或大土地所有者手中，失去土地的农民愈来愈多，且赋税沉重，致使贫困化日趋严重。受到委任当局的盘剥和政策歧视，异军突起的犹太社团经济的冲击，以及自身人口压力、受教育水平落后、生产效率低下，巴勒斯坦民众深深陷入债务之中。

❧ 二、第181（II）号决议中有关巴勒斯坦地区的经济愿景

1947年11月29日，联合国大会通过了《巴勒斯坦将来治理（分治计划）问题的决议》（第181（Ⅱ）号决议），设想建立独立的巴勒斯坦国和以色列国，以及一个特殊的国际制度管理下的耶路撒冷，批准联巴特委员会多数成员提议与修改的政治分治经济联合计划。提出了两个国家一个经济联盟的解决方案，这一决议主要的经济考量是货币和贸易问题。核心观点包括：

建立完整的关税同盟。

实行共同的通货制度，规定单一外汇率。

设立联合经济委员会（Joint Economic Board），由两国各派代表3人和联合国经济及社会理事会委派的其他国家的3人组成。该委员会负责收纳来自海关和其他服务的收入。

税率表应由两国各派同等数目代表组成的税则委员会拟定，并应提请联合经济局以过半数票通过批准。

剩余的关税和其他共同业务收取应按下列办法分配：5%～10%的款项分给耶路撒冷市，其余由联合经济委员会公允地分给两国，目标是维持两个国家政府和公共服务的支出，但任何一国分得的款额不得超过它在任何一年对经济联合所贡献金额的400万英镑。5年之后，联合经济委员会可以公允地修改共同收入的分配原则。

两国均可设立、经营本国的中央银行，主持本国的财政和信贷政策，管理外汇收支和进口许可证，开展国际金融事务。

实行共同的灌溉、开垦荒地和水土保持，以及能源、运输等经济

联合发展计划。①

　　1948年第一次中东战争中，巴勒斯坦阿拉伯人丧失了大部分领土，以色列占领了比决议规定的更多的土地；巴勒斯坦国并未建立，约旦将占领的西岸土地划归其版图，在此设立约旦的行政体系，实施哈希姆王国的法律，分管经济。加沙地带由埃及负责管理。约旦河西岸和加沙地带传统联系的中断，同时又未受到约旦和埃及政府的重视，使巴勒斯坦经济发展举步维艰。因此，第181（Ⅱ）号决议中有关巴勒斯坦地区的经济愿景并没有付诸实践。

❖ 三、被占领时期的巴勒斯坦经济

　　1967年"六·五"战争中，以色列占领了西奈半岛、约旦河西岸、加沙地带、戈兰高地、东耶路撒冷等大片领土。以色列在强占巴勒斯坦人的水资源、土地资源、领海权和领空权等之后，进而控制了巴勒斯坦的经济命脉。

　　1967—1994年间，以色列政府负责管理约旦河西岸和加沙地带的财政预算。其基本原则是尽量不依靠其他大城市的经济援助，本地竭力供给、维持自己的财政开支，因此税收基本都用于行政管理和治安，而不是基础设施建设、公共服务和福利补贴。巴勒斯坦的教育、医疗和卫生支出，绝大部分都依靠非政府组织提供援助。

　　20多年的占领，使巴以之间形成了不平等的经济关系。被占领地区的生产、贸易、就业等完全由以色列控制，自身失去发展的独立性，经济遭到极大削弱，陷入了严重被动的局面。70年代末期，在巴解组织内部，巴勒斯坦的经济问题开始与政治问题结合在一起，被重新提上讨论议程。讨论的核心则是在加沙地带和约旦河西岸成立巴勒斯坦国，构建具有可操作性的经济模式，为政治独立提供充足的资金。

❖ 四、奥斯陆和平进程中的巴勒斯坦经济

　　20世纪90年代早期，为发展巴勒斯坦经济，当时总部设在突尼斯

---

　　①　David Cobham and Nu'man Kanafani eds., *The Economics of Palestine: Economic Policy and Institutional Reform for a Viable Palestinian State*, New York：Routledge, 2004, p. 1；钟冬：《中东问题八十年》，北京：新华出版社1984年版，第41-44页。

的巴解组织提出《1994—2000年国家发展计划》(National Development Programme 1994—2000)，目标是以市场为导向，优先改变不合理的经济结构，改善经济和社会基础设施建设，创造和扩大就业机会。

1993年《奥斯陆和平协议》签署之后，巴勒斯坦经济进入一个新的发展阶段。巴勒斯坦自治政府制订了振兴经济的计划，将扩大投资、创造就业、鼓励出口、发展现代化经济作为奋斗目标。11月，巴勒斯坦经济发展与重建委员会(Palestinian Economic Council for Development and Deconstruction)成立，专门负责制定经济政策、推动投资和技术援助项目等。与此同时，国际社会开始向自治政府提供大量的紧急援助，世界银行在对约旦河西岸和加沙地带的经济情况和发展需求进行综合性的调查与评估的基础上，发行了六卷本的开创性报告。①1994年4月，巴以双方签署《巴黎经济议定书》，规定巴勒斯坦商品可以不受限制地进入以色列市场；建立准关税同盟，巴以享受同等的进口和关税政策等。5月，巴以双方达成《加沙—杰里科协议》，农业、工商业、旅游、直接税等24项民事范围内的权利与责任被移交给巴勒斯坦自治当局。

奥斯陆和平进程开启之后，约旦河西岸和加沙地带的银行数量急剧扩大，银行存款大幅度增加，证券交易所也逐步成立。但是，金融体系仍然处于初级发展阶段，银行贷款十分有限，存贷款比率在2000年9月达到了40%的最高值，阿克萨起义爆发后又开始下滑；保险业仅仅局限在汽车相关领域，并没有产生显著的投资基金；养老金也并非国内经济投资基金的重要来源，私营部门的养老基金仅限于一些公积金，即在商业银行积累的存款。约旦河西岸的政府工作人员的退休制度是现收现付体系。90年代中期，加沙地带工作人员的养老金管理从以色列政府转移到巴勒斯坦民族权力机构手中，但并未直接用于投资当地的基础设施等经济建设。

20世纪90年代中期之后，巴勒斯坦的经济稍有起色，但以色列开始对约旦河西岸和加沙地带实施的许可证限制、边境和经济封锁政策，给工业和服务业部门的生产运作、劳动力市场、投资环境，以及

---

① David Cobham and Nu'man Kanafani eds., *The Economics of Palestine: Economic Policy and Institutional Reform for a Viable Palestinian State*, New York：Routledge, 2004, pp. 3-4.

普通居民的家庭生活等造成严重的负面影响，妨碍了协议的最终执行。这导致巴勒斯坦发展过程中出现资金短缺、生产缓慢、失业率居高不下、财政入不敷出等局面，最终导致 2000 年 9 月阿克萨起义的爆发。

第二节　巴勒斯坦经济指标[①]

❖ 一、国内生产总值（GDP）

据巴勒斯坦中央统计局的数据显示（见图 8-1），2016 年巴勒斯坦国内生产总值为 80.37 亿美元，相比 2015 年增长了 4.1%。约旦河西岸和加沙地带的 GDP 分别为 60.85 亿和 19.52 亿美元，经济增长率分别为 3.0% 和 7.7%。

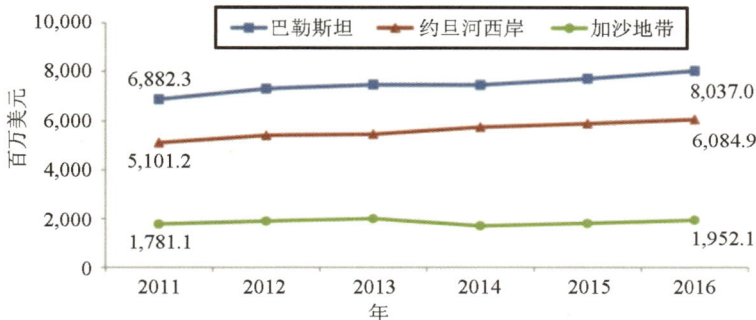

图 8-1　2011—2016 年巴勒斯坦国内生产总值（单位：百万美元）

图表来源：Palestinian Central Bureau of Statistics, "Performance of the Palestinian Economy 2016", May 2017, p.14, http://www.pcbs.gov.ps/Downloads/book2268. pdf, 登录日期：2017 年 6 月 1 日。

2012 年，约旦河西岸的 GDP 增长率达到 6.0%，2013 年经济发展骤然放缓，增长率仅为 1.0%。近年来，该地区 GDP 增长缓慢的原因主要是以色列的限制措施严重制约了经济的发展，外部援助的急剧减少也使得约旦河西岸面临经济危机。

2016 年，加沙地带对巴勒斯坦 GDP 的贡献为 24.3%，人均 GDP 是

[①] 如非特别标注，本节中所涉及的数据则不包括耶路撒冷。

约旦河西岸的45.5%。加沙地带的GDP增速较快，这主要归因于持续的重建工作、进口商品和原材料限制的减少，以及国际社会的援助。但是2014年以色列发动的军事行动，导致加沙地带的基础设施遭到严重破坏、经济活动急剧恶化，因此2016年加沙地带的GDP总量仍旧低于2013年的GDP总量。

❖ 二、人均国内生产总值

2016年，巴勒斯坦人均国内生产总值增幅为1.2%，升至1 765.9美元，但仍低于2012年的1 807.5美元，如表8-1所示。

表8-1　2016年巴勒斯坦人均国内生产总值　　　　　　　　单位：美元

地区	人均国内生产总值	比上年增幅（%）
约旦河西岸	2 278.9	0.5
加沙地带	1 037.7	4.2

数据来源：Palestinian Central Bureau of Statistics, "Performance of the Palestinian Economy 2016", May 2017, p.14, http://www.pcbs.gov.ps/Downloads/book2268.pdf, 登录日期：2017年6月1日。

尽管加沙地带人均GDP增速较快，但总值与约旦河西岸的差距仍然较大，仅为西岸的45.5%。而在2005年，加沙地带人均GDP占西岸的90.7%。

❖ 三、产业结构

据巴勒斯坦中央统计局的数据显示（见表8-2），2016年，除农业、批发和零售业之外，巴勒斯坦其他经济活动的产值都有所增加。运输和仓储业的增幅达到历史最高值，年均增长14.6%。服务业是巴勒斯坦经济中占比最大的部门，约占50.8%。服务业、工业、批发和零售业在巴勒斯坦国内生产总值中占比达82%。农业所占比重最小，仅为2.9%，且自2011年之后产值持续下跌，2016年约旦河西岸和加沙分别下降12%和8.7%。

不同产业在经济活动中的比重因地区不同而有所差异。例如，信息和通信业、工业在国民生产总值中的比例，约旦河西岸（7.1%和15.5%）远高于加沙地带（0.5%和8.4%）；农业和服务业在国民生产总值中的比例，加沙地带（4.1%和61.6%）高于约旦河西岸（2.6%和47.3%）。

表8-2　2016年巴勒斯坦产业结构变化指标

经济部门	数值（百万美元）	比上年增幅（%）	GDP中所占比重（%）
农业	236.6	−11.0%	2.9%
工业	1114.6	7.0%	13.9%
建筑业	601.1	5.9%	7.5%
批发和零售业	1 383.9	−1.9%	17.2%
运输和仓储业	180.1	14.6%	2.2%
信息和通信业	443.3	0.3%	5.5%
服务业	4077.4	6.3%	50.8%

数据来源：Palestinian Central Bureau of Statistics, "Performance of the Palestinian Economy 2016", May 2017, pp.16- 17, http://www.pcbs.gov.ps/Downloads/book2268.pdf, 登录日期：2017年6月1日。

年度增幅也不尽相同。在工业、服务业、通信业领域，加沙地带增幅普遍高于约旦河西岸，而在运输和仓储业，约旦河西岸地区的增幅（17%）远高于加沙地带（2.7%）。由于持续的重建工作，加沙地带的建筑业增幅为33.3%，而约旦河西岸下降1%。

四、劳动力市场

在面对有限的自然资源，以及以色列对土地、水资源、人口、商品、资本流动严格控制的情况之下，劳动力成为巴勒斯坦经济中最重要的生产要素，劳动力市场指标是评价巴勒斯坦经济发展的重要指标。

（一）劳动力规模

据巴勒斯坦中央统计局的数据显示，2016年，巴勒斯坦劳动力达到了132.41万人（15岁及以上），劳动力规模比2015年增长了2.9%。但劳动力参与率（Labor Force Participation）由2015年的46.7%降为46.5%，主要原因是进入劳动力市场的人数低于劳动力总量的增长。[1]

---

[1] Palestinian Central Bureau of Statistics, "Performance of the Palestinian Economy 2016", May 2017, p.18, http://www.pcbs.gov.ps/Downloads/book2268.pdf, 登录日期：2017年6月1日。

（二）就业率与失业率

据巴勒斯坦中央统计局的数据显示，2016年，巴勒斯坦就业人数约为96.34万人，比上一年增长1.7%。约旦河西岸和加沙地带的就业率分别增长0.6%和4.6%，就业人数为67.41万和28.93万人。

2016年，服务行业就业人数最多，达到34.36万人，占总就业人数的40%。其次是批发和零售业，就业人数达19.12万人，占总就业人数的22.3%。工业就业人数11.55万人，占总就业人数的13.5%。从就业人数的增幅来看，农业、工业和服务业的就业人数有所下降，其中农业下降15.2%。建筑业、批发和零售业、交通和仓储业、信息和通信业的就业人数相比2015年增长，其中信息和通信业增幅达19.8%。但约旦河西岸和加沙地带在不同的行业有所区别。

2016年，巴勒斯坦的失业率为27.1%，比上一年增长1%，主要原因是就业人数的增长低于劳动力规模的增长。其中加沙地带的失业率远高于约旦河西岸，分别为41.7%和18.3%。[1]

❀ 五、居民消费价格指数

居民消费价格指数（Consumer Price Index，CPI）是反映与居民生活有关的消费商品及服务价格水平的变动情况的重要宏观经济指标，也往往是市场经济活动与政府货币政策的一个重要参考指标。据《2016年价格和价格指数年度公报》（Prices and Price Indices: Annual Bulletin 2016）的数据显示，该年度巴勒斯坦居民消费价格指数比上年下降0.22%（以2010年均值=100为基准数据），但与2010年相比上升了10.75%，比2004年增加了42.87%。2016年，居民消费价格指数下降的原因是商品和服务价格下跌2.61%，食品和软饮料价格下跌1.50%，交通运输下跌0.80%，但是酒精饮料和烟草价格增长了4.02%，教育服务增长了3.09%，纺织品、服装和鞋类价格上涨了2.85%。[2]大宗商品

---

① Palestinian Central Bureau of Statistics, "Performance of the Palestinian Economy 2016", May 2017, pp.19, 21-22, http://www.pcbs.gov.ps/Downloads/book2268.pdf，登录日期：2017年6月3日。

② Palestinian Central Bureau of Statistics, "Prices and Price Indices: Annual Bulletin 2016", May 2017, p. 21, http://www.pcbs.gov.ps/Downloads/book2269.pdf，登录日期：2017年6月3日。

的价格也有变化，但是对整体价格指数的影响微乎其微。

❖ 六、生产者价格指数

生产者价格指数（Producer Price Index，PPI）是衡量工业企业产品出厂价格变动趋势和变动程度的指数，是反映某一时期生产领域价格变动情况的重要经济指标，也是制定有关经济政策和国民经济核算的重要依据。据《2016年价格和价格指数年度公报》的数据显示，该年度巴勒斯坦生产者价格指数上涨2.57%（以2015年12月均值=100为基准数据），本地消费产品的价格上涨了2.75%，出口产品的价格上涨了1.12%。其中，电力、汽油、蒸汽和空调供应集团的价格上涨了14.64%，供水、污水、废物管理的价格增长了7.28%，制成品价格增长了2.29%，农业、林业和渔业产品价格增长了0.86%，采矿和采石（仅包括采石和石头粉碎）的价格下降了5.86%。与2001年相比，生产者价格指数上涨了8.79%，与2007年相比，增长了27.96%。[①]

第三节　　农业

在传统的巴勒斯坦经济中，农业是最重要的经济部门。近年来，随着巴勒斯坦现代化的发展，农业在国内生产总值中的比重逐年递减。据巴勒斯坦中央统计局的数据显示，1993年农业占GDP的13%，2016年农业仅占GDP的2.9%。2016年，农业生产为6.21万巴勒斯坦人提供了就业，分别占约旦河西岸和加沙地带总就业人数的8.1%和5.5%。[②]因农业涉及土地、历史遗产、人民社会生活等根本性问题，其在经济活动中仍然占据十分重要的地位。

---

① Palestinian Central Bureau of Statistics, "Prices and Price Indices: Annual Bulletin 2016", May 2017, p.22, http://www.pcbs.gov.ps/Downloads/book2269.pdf, 登录日期：2017年6月5日。

② Palestinian Central Bureau of Statistics, "Performance of the Palestinian Economy 2016", May 2017, pp. 16, 22-23, http://www.pcbs.gov.ps/Downloads/book2268.pdf, 登录日期：2017年6月5日。

❀ 一、农业耕地

2010～2011 年，巴勒斯坦的耕地面积为931.5平方千米，占巴勒斯坦总面积的15.5%。[①]巴勒斯坦农业部将全国土地分为5个农业生态区（见表8-3），其中灌溉面积仅占耕地面积的5%，雨水栽培耕地占95%。

表8-3　巴勒斯坦五大农业生态区（Agro-Ecological Zones）

区域	面积（平方千米）	特征
约旦河谷（Jordan Valley）	413	约旦河西部的低洼地区，海拔低于海平面200～300米；亚热带气候，冬季温暖、夏季炎热；属于干旱地区，年平均降水量约160毫米；主要农业生产活动是灌溉蔬菜生产
东部山坡（Eastern slopes）	1594	约旦河西岸东部边缘区，草原地带，疆域从杰宁到死海，呈长条状，海拔 - 200～800米；属于半干旱地区，北部年平均降水量400毫米，南部年平均降水量200毫米；主要农业生产活动是养殖放牧
半沿海地区（Semi-coastal region）	470.5	位于约旦河西岸的西北角，包括杰宁、图卡瑞姆、卡奇里亚等，海拔100～400米；降雨最丰富，年平均降水量600毫米；属于高产农业生态区，主要种植粮食作物和柑橘
中部高原（Central high lands）	3 144.5	从北部杰宁延伸到南部希伯伦，海拔400～1 000米；夏季温和；属于约旦河西岸主要的集水区，年降水量500～800毫米不等；主要农业生产活动是果树（橄榄树）种植

---

① Palestinian Central Bureau of Statistics, "Statistical Yearbook of Palestine 2016", December 2016, p.13, http://www.pcbs.gov.ps/Downloads/book2238. pdf, 登录日期：2017年6月5日。

（续表）

区域	面积 （平方千米）	特征
沿海地区 （加沙地带）	365	位于地中海沿岸；海拔 0～100 米；年降水量从南至北 200～400 毫米不等；主要的农业生产活动是灌溉蔬菜生产和柑橘树种植，园艺产品也很普遍，内部平原种植粮食作物

资料来源：State of Palestine Ministry of Agriculture, "Improving Irrigation Capacity", Ankara: 1st Meeting of the COMCEC Agriculture Working Group, June 2013, pp.3-6; Marcello Cappellazzi, "Agriculture in Palestine: A Post-Oslo Analysis", Centre for Economic Policy Research, 2012, p. 1.

二、农作物与橄榄种植

（一）农作物

巴勒斯坦出产的农作物60余种，其中水果类占比最大，橄榄树、葡萄树、杏树、无花果树、柑橘树为主要作物。约旦河西岸普遍种植蔬菜、橄榄和粮食作物，加沙地带普遍种植蔬菜和柑橘类水果。

由于巴勒斯坦95%的耕地主要依赖雨水补充水源，因此受气候条件的影响，农业产量不稳定。粮食种植不能满足本地民众的需求，农业进口高于出口，进口主要来源于以色列、欧盟、阿拉伯国家、美国等。

（二）橄榄种植

根据联合国2012年的报告显示，约旦河西岸和加沙地带约48%的农业耕地用于橄榄种植。橄榄收益也是约8万巴勒斯坦家庭的主要收入来源。不仅农民们以此为生，橄榄加工、橄榄油压榨、橄榄木雕等行业同样依赖橄榄种植业。据统计，巴勒斯坦每年约93%的橄榄用于压榨橄榄油，其余用于腌制橄榄果、制作橄榄皂和橄榄木雕。巴勒斯坦民间组织统计显示，橄榄加工约占当地食品加工业的70%，橄榄相关产业约占当地GDP总量的14%。橄榄产业无疑是巴勒斯坦农业经济中的基石。

据巴勒斯坦中央统计局和农业部的数据显示，2016年，巴勒斯坦共有295个榨橄榄油厂（包括21个暂时关闭），正在经营的274家中，255家采用全自动压榨，19家属于半自动化压榨和传统压榨。2016年，橄榄压榨数量达到8.41万吨，其中杰宁省和图巴斯省共占24.2%。榨橄榄油厂的平均提取率为23.9%，每个省不尽相同，纳布卢斯省最高，加沙省最低。2016年，提取橄榄油总数量为2.01万吨。橄榄油产业的总收入约880万美元（去除中间消耗的200万美元）。橄榄种植业为1 393位巴勒斯坦人提供了就业岗位，员工薪酬共约90万美元。[①]

🏵 三、农业发展的限制性因素与粮食危机

1967年之后，以色列强占土地、限制供水和严格控制市场贸易的举措，导致巴勒斯坦的农田产量大幅度削减。在巴勒斯坦出现如下恶性循环：土地和灌溉水资源的匮乏—农业产量不足—粮食危机—贫困和失业。

（一）土地和水资源

由于以色列对巴勒斯坦土地的占领和征用，以及定居点的扩建，导致巴勒斯坦耕地面积大幅减少。1965年，实际耕地面积为2 435平方千米，1989年减少到1 706平方千米，与1965年相比，减少了30%。[②]2010～2011年，巴勒斯坦的耕地面积仅为931.5平方千米。地下水是约旦河西岸和加沙地带农业灌溉用水的最主要来源，但在1967年之后，以色列控制了两地的地下水资源和约旦河谷水源。其不仅占领了约82%的水资源，而且严格控制对水资源的开发利用，以及减少巴勒斯坦人从水井中提用水的数量。

历史上，约旦河西岸的农民利用约旦河水进行灌溉，但随着以色

---

① Palestinian Central Bureau of Statistics & Ministry of Agriculture, "Olive Presses Survey 2016: Main Results, March 2017", pp. 17-18, http://www.pcbs.gov.ps/Downloads/book2258.pdf, 登录日期：2017年4月23日。

② David Butterfield, Jad Isaac, Atif Kubursi and Steven Spencer, "Impacts of Water and Export Market Restrictions on Palestinian Agriculture", McMaster University and Econometric Research Limited & Applied Research Institute of Jerusalem, January 2000, http://socserv.mcmaster.ca/kubursi/ebooks/water.htm, 登录日期：2017年4月23日。

列采取从加利利海分离海水的举措之后，约旦河下游河水受到严重污染，流向下游的水量减少、水质变差。加沙地带地下水资源极为有限，基本没有地表河流和涸河，沿海蓄水层是其水资源的主要来源，但近年来不断遭受严重的海水入侵，出现海水渗透现象。其他的水资源，如来自希伯伦山的径流，已经被改流到以色列境内。由于战争冲突导致的移民潮和本地极高的自然出生率，加沙地带已成为世界上人口密度最大的地区之一，水资源的不足导致当地居民部分依赖境外输水。

就水资源的消耗而言，以色列平均耗水量1 959立方米/年，巴勒斯坦的平均耗水量仅为238立方米/年。据农业部估算，若以色列取消对巴勒斯坦水资源的限制、为巴勒斯坦提供额外的供水，农业部门占GDP的比重将会增加10%，也将额外提供11万个就业岗位。[①]水资源恶化状况和使用效率的低下，以及长期过度开采地下水，是巴勒斯坦农业水资源面临的主要问题。

（二）市场限制

以色列对销售农产品渠道和国内外市场的控制，也是巴勒斯坦农民面临的主要障碍之一。被占领期间，巴勒斯坦人销售农产品需要获得以色列政府颁发的特别许可证。交通运输也受到了阻碍，尤其是以色列强制关闭了东耶路撒冷内连接约旦河西岸北部和南部的主要通道之后，农产品的运输变得更为困难，约旦河西岸和加沙地带的农产品交易也由以色列控制。《奥斯陆和平协议》签署之后，以色列实行的封锁政策，导致约旦河西岸和加沙地带之间的贸易骤然缩减，也进一步阻碍了巴勒斯坦地区与其他国家（除以色列之外）原本就十分有限的农产品贸易往来。

（三）粮食危机

1967年，巴勒斯坦的农业生产与以色列基本持平。西红柿、黄瓜、西瓜产量约为以色列相应产量的50%，李子、葡萄产量与以色列相等，橄榄、大枣、杏仁的产量普遍高于以色列。以色列占领约旦河

---

① State of Palestine Ministry of Agriculture, "Improving Irrigation Capacity", Ankara: 1st Meeting of the COMCEC Agriculture Working Group, June 2013, pp.7, 10.

西岸和加沙地带之后，巴勒斯坦的农业生产部门遭到了重创。农业在国内生产总值中的比例迅速下降。1968/1970—1983/1985年，农业在约旦河西岸GDP中的比例从37.4%～53.5%下降到18.5%～25.4%，农业部门劳动力在整个劳动力市场的比重从46%下跌到27.4%。

此外，由于以色列控制大部分土地和水资源，巴勒斯坦民众只能种植粮食作物解决基本的温饱问题，无法再种植具有高附加值的经济作物。同时，灌溉技术和基础设施的滞后，政策缺乏协调性，以及面临以色列农业高科技手段的竞争，越来越多的巴勒斯坦人前往以色列寻找工作，从事农业的人愈来愈少，农业种植严重萎缩。巴勒斯坦更加依赖以色列的食品进口贸易渠道，最重要的是小麦。2003年，第一次对巴勒斯坦地区开展的食品安全评估的结果显示，超过1/3的巴勒斯坦人遭受粮食危机，这也是巴勒斯坦政治不稳定的真实写照。

❖ 四、农业发展战略

巴勒斯坦农业部曾提出相对完善的《2011—2013年农业发展计划》，其最主要的目标是加强对农业土地和水资源的有效与可持续管理。其具体措施有：

第一，恢复供水设施，完善对农业水资源的有效分配；

第二，提高对农业用水需求的管理能力，提升运输和分配系统的效率，升级灌溉系统和使用补充灌溉，建设废水处理和再利用项目工程；

第三，重新识别、分类、改造土地，提升土地的可持续利用率；提高生产力；绿化政府和私有土地；开发和重建牧场；保护和发展农业物种的多样性；

第四，加强对自然资源的保护。将合理化使用自然资源作为可持续发展的基础；修建集雨水塘、水井等回收水项目，建立容量为1.5万立方米的小型和15万～20万立方米的中型蓄水池塘，收集雨水用于农业灌溉；建设渔业池塘，拓宽水产养殖项目，可使用池塘的水灌溉种植的蔬菜。[①]

---

①   State of Palestine Ministry of Agriculture, "Improving Irrigation Capacity", Ankara：1st Meeting of the COMCEC Agriculture Working Group, June 2013, pp.12-18.

巴勒斯坦农业部通过优化农业传统和非传统的水资源，保护和提升现有水资源的利用效率，以确保农业用水的可持续发展。

第四节　工业与手工业

巴勒斯坦的主要工业活动有采矿业、石料加工、水泥生产、纺织加工、橡胶和塑料制造、食品生产等，大部分均为轻工业。但整体而言，工业基础薄弱，生产水平低，技术落后，工作环境简陋，工人待遇低。巴勒斯坦自治政府为改变工业落后的局面，大力投资建设工业园区，推行自由开放的私有经济政策，并制定《工业园和自由工业区法》和《投资法》等促进本国工业发展的法律法规。但受该地区动荡局势的影响，巴勒斯坦的工业长期发展缓慢。

一、工业生产指标

巴勒斯坦中央统计局最新数据显示，2017年巴勒斯坦工业生产指数（Industrial Production Index，IPI）为111.44，与上年相比增加了4.11%。其中采矿和采石活动增长了10.93%，电力、燃气、蒸汽和空调供应活动增长了8.90%，供水、污水处理、废物管理活动增长了8.63%，制造业增长了3.24%。[①]

二、主要工业部门

截至2016年，巴勒斯坦共有19 367家企业，雇佣约98 776名员工。其中金属制造、家具制造、石料加工、食品生产、服装制造等行

---

① Palestinian Central Bureau of Statistics, "Yearly Industrial Production Indices and Percent Change in Palestine for years (2011–2017): Base Year (2011 = 100)", http://www.pcbs.gov.ps/Portals/_Rainbow/Documents/e-IPI-time-2017% 20base% 20year% 20(2011=100).html", "Monthly Industrial Production Indices by Major Groups and Percent Changes in Palestine for months of January-December 2017 Compared to January-December 2016: Base Month (December 2015=100)," http://www.pcbs.gov.ps/Portals/_Rainbow/Documents/e-IPI-ave-2017.html, 登录日期：2018年4月13日。

业占总企业数量的70%以上。①

金属制造业是巴勒斯坦最重要的工业部门之一。该工业部门产品包括金属门、铝型材、钢铁制品、焊接材料等。就技术而言，各生产商有较大的差异。

石料加工行业是巴勒斯坦工业最大、最活跃的工业部门之一。巴勒斯坦曾被国际贸易中心列为世界第12大石材出口国，并以"耶路撒冷之石"闻名于世。巴勒斯坦的石头种类多样，其制成品主要为建筑石材、装饰建材及瓷砖等。石料加工厂主要位于伯利恒、希伯伦和纳布卢斯地区。该行业虽在某些功能领域高度自动化，但仍是重要劳动密集型产业，它为巴勒斯坦人就业提供了良好的机会。石料制成品约50%出口到约旦、欧洲、美国和中国等国外市场，其余大部分被运往以色列市场。

家具制造业是巴勒斯坦重要且发展迅速的工业部门之一，包括家居家具、办公家具及相关零部件的生产。近年来，该行业的优势主要体现在高超的工艺技术、良好的工厂条件、优良的家具品质，以及新出现的巴勒斯坦原创设计。家具制成品除在本地市场销售之外，还出口至海外市场。

食品制造业是巴勒斯坦最古老的工业门类之一，占工业总产出的20%以上，它为巴勒斯坦人民的粮食安全和经济增长做出了巨大贡献。食品类别主要有橄榄油加工、糖果、奶制品、肉类加工、谷物产品、罐头、酱类、豆类、动物饲料等。巴勒斯坦食品制造业主要依靠当地市场，当地市场份额约占总销售额的90%，此外约10%销往以色列、约旦、海湾国家、法国、德国和荷兰等海外市场。

纺织和服装制造业是巴勒斯坦重要的经济部门之一，它在国家工业生产、出口和投资等方面发挥重要作用，约占总工业产量的6%。该行业在巴勒斯坦的优势主要体现在高质量、具有竞争力的价格、技术熟练的工人及完善的分包和供应链管理体系。该部门在约旦河西岸和加沙地带均有分布，主要由中小型企业组成，有较高的灵活性，可根

---

① Palestinian Central Bureau of Statistics, "Number of Enterprises and Employed Persons and Main Economic Indicators in Palestine for Industrial Activities, 2016", http://www.pcbs.gov.ps/Portals/_Rainbow/Documents/Num_Enter_Emp_Main_2016(E).htm, 登录日期：2018年4月13日。

据客户的规格和需求制作不同的产品。该行业主要从土耳其、中国、印度等地进口原材料，生产成品70%以上都出口至以色列。

皮革和制鞋业是巴勒斯坦重要且较为完善的工业部门之一，主要集中在希伯伦、纳布卢斯和伯利恒等地。近年来，该部门在投资资本、生产能力及质量等方面均发展迅速。鞋业制成品主要用于本国消费，约旦河西岸约占50%，加沙地带占16%。在全球化大背景下，鞋类制成品直接出口至阿联酋、沙特阿拉伯、卡塔尔、约旦、土耳其、德国和比利时，并通过以色列代理商间接出口加拿大和欧洲国家等国外市场。

医药产业是巴勒斯坦新兴且独特的工业部门，它在为当地市场提供基本药品需求方面发挥着重要作用，但药品种类较为单一。当前大型制药厂主要分布在拉姆安拉地区。2015年，巴勒斯坦药品出口占总制药量的34%，主要出口至以色列、波兰、阿尔及利亚、马耳他和约旦等地。

🌸 三、手工业

巴勒斯坦人拥有悠久的手工艺传统，从大师到学徒，代代相传。主要的手工艺产品有陶瓷、橄榄木雕刻、玻璃工艺、珍珠母、刺绣和针织等，基本都依托和展现当地丰富的宗教、历史、民族文化，具有独特性。大多数手工艺生产商都集中在伯利恒和希伯伦地区，他们开设小型作坊和工匠商店。50%以上的手工艺品运往以色列、欧洲、美国和阿拉伯国家等海外市场进行销售，国内销售高度依赖于当地的旅游业。

第五节　旅游业

🌸 一、旅游业概况

近年来，随着旅游基础设施投资的增加，巴勒斯坦的旅游业持续增长。巴勒斯坦旅游资源丰富，大量的历史、宗教和文化遗址为国内旅游业提供了巨大的发展潜力。主要旅游城市有耶路撒冷、拉姆安拉、伯利恒、纳布卢斯、希伯伦、杰里科和加沙等。

截至2016年中,约旦河西岸旅游景点的访客人数约207万人次,其中外来游客95.2万人次,约占总游客的46%。与旅游业密切相关的收入、投资和就业,则属酒店行业。酒店收入占总旅游业收入的25%,并提供了46%的就业岗位。据《2016年约旦河西岸酒店活动调查年度手册》报告显示,截至2016年年底,约旦河西岸共有125家酒店、6 878间客房和1.51万张床铺。其中客房多于75间的酒店有34家,客房少于14间的酒店约有30家。酒店工作人员约2 903名,男性占76.8%,女性占23.2%。2016年,共约有44.82万人入住约旦河西岸的酒店,其中巴勒斯坦人占10.7%,来自欧盟国家的客人占28.4%,以色列人占19.5%。[①]此外,交通运输、导游、纪念品商店和餐馆等都是旅游业所带来的附加行业。但是不稳定的国内安全环境及以色列的干涉,是导致巴勒斯坦旅游业不能蓬勃发展的最重要因素。

✿ 二、著名旅游景点

(一)阿克萨清真寺建筑群

从广义上说,人们经常提到的阿克萨清真寺实为一个宗教建筑群,是指围墙内包括清真寺、陵墓、道堂、公共饮用喷泉等在内的所有建筑物,包括银灰色圆顶的远寺、萨赫莱圆顶、马勒旺清真寺、布拉格清真寺、穆萨塔贝、圆顶等建筑物。整个建筑群占地面积达14.4万平方米,约为耶路撒冷老城的1/6。圣城和阿克萨建筑群凝聚了阿拉伯—伊斯兰世界的辉煌历史与文化艺术,在穆斯林心中享有崇高的宗教地位。对巴勒斯坦人而言,它不仅是宗教信仰的象征,也是国家主权、民族团结的标志。

1. 阿克萨清真寺(Al-Masjid al-Aqsa)

"阿克萨"意为"极远的",因此阿克萨清真寺又称为"远寺",该名称源于《古兰经》的记载:"赞美真主,超绝万物,他在一夜之间,使他的仆人,从禁寺行到远寺。"(17:1)相传该寺最早由古代先知

---

① Palestinian Central Bureau of Statistics, "Hotel Activities in the West Bank: Annual Bulletin 2016", April 2017, pp. 17-18, http://www.pcbs.gov.ps/Downloads/book2265.pdf, 登录日期:2017年5月5日。

苏莱曼所建，638年第二任哈里发欧麦尔征服耶路撒冷后用原木正式修建。大规模扩建是在公元705年，由倭马亚王朝的哈里发阿卜杜勒·马立克主持，其子瓦利德时期完工。780年，该寺毁于地震，现存的大部分主体建筑是11世纪阿拔斯王朝的哈里发曼苏尔主持重建的清真寺样式。礼拜大殿高88米，东西长约90米，南北宽约36米，殿顶南端有一个银灰色的圆顶，顶部的一弯新月标志直指穹苍。该寺位于耶路撒冷旧城圣地南侧，是伊斯兰教中仅次于麦加禁寺和麦地那先知清真寺的第三大圣寺，被看作最优美的伊斯兰教建筑之一。

2. **萨赫莱圆顶**（Qubbat As-Sakhrah）

"萨赫莱"意为"岩石"，西方学者通常将该建筑称为"岩石清真寺"（Dome of the Rock），但建筑内没有米哈拉布（穆斯林朝向圣地麦加进行礼拜的壁龛）、讲经台和水房，因此穆斯林并未将其看作真正意义上的清真寺，只视为阿克萨清真寺的偏殿。该建筑位于阿克萨清真寺以北300米处，寺内有一块长17.7米、宽13.5米、高1.2米的巨石，相传621年先知穆罕默德乘天马从麦加夜行到耶路撒冷后在该石上"登宵"，岩石上的大凹坑是先知留下的马蹄印，该寺因建于这块岩石上而得名。岩石周围刻有库法体阿拉伯文，是保存至今最古老的伊斯兰教铭文，具有极高的艺术、历史和宗教价值。1994年，约旦国王侯赛因斥资650万美元为圆顶覆盖上了24千克的纯金箔，使其因"金顶清真寺"的美誉而名扬天下。

（二）圣诞教堂

圣诞教堂位于约旦河西岸城市伯利恒，建造于耶稣出生的马槽所在地——伯利恒之星洞的遗址之上，其使用权现主要归属于罗马天主教、希腊东正教和亚美尼亚教会。该教堂始建于公元4世纪，公元529年毁于撒马利亚人的起义，540年查士丁尼大帝在原址上重建了圣诞教堂。历史上，圣诞教堂先后被阿拉伯帝国、十字军、奥斯曼帝国等占领，但原有的建筑风格保持较好。教堂外观如同中世纪的城堡，从"谦卑之门"进入教堂，可以看到里面挂满了各式华丽的吊顶、颂扬耶稣和圣母的画像。最受亿万人瞩目的则是伯利恒之星洞，星洞左侧是耶稣出生后当作摇篮的马槽，右侧是著名的圣诞圣坛，其中十四角伯利恒银星表示耶稣出生的具体位置，圣坛上方悬挂着15盏基督教各派的油灯，昼夜不灭地映照着这块基督徒的神圣之地。圣诞教堂是世界上历史最悠久的教堂，具有极高的历史文化价值和宗教意义，2012年被列入《世界文化遗产名录》。

参考文献

[1] 巴勒斯坦解放组织驻京办事处. 巴勒斯坦问题和巴解组织. 北京：巴勒斯坦解放组织驻京办事处, 1991.

[2] 国际关系研究所. 巴勒斯坦问题参考资料. 北京：世界知识出版社, 1960.

[3] 哈全安. 中东史610—2000. 天津：天津人民出版社, 2010.

[4] 哈全安. 中东国家史·"肥沃的新月地带"诸国史. 天津：天津人民出版社, 2016.

[5] 哈全安. 中东国家史·奥斯曼帝国史. 天津：天津人民出版社, 2016.

[6] 彭树智. 中东国家和中东问题. 河南：河南大学出版社, 1991.

[7] 王三义. 英国在中东的委任统治研究. 北京：世界知识出版社, 2007.

[8] 王铁铮, 黄民兴. 中东史. 北京：人民出版社, 2010.

[9] 王新刚. 中东国家通史·叙利亚和黎巴嫩卷. 北京：商务印书馆, 2003.

[10] 肖宪. 中东国家通史·以色列卷. 北京：商务印书馆, 2001.

[11] 徐向群, 宫少朋. 中东和谈史：1913—1995年. 北京：中国社会科学出版社, 1998.

[12] 杨辉. 中东国家通史·巴勒斯坦卷. 北京：商务印书馆, 2002.

[13] 姚惠娜. 列国志·巴勒斯坦. 北京：社会科学文献出版社, 2010.

[14] 尹崇敬. 中东问题100年. 北京：新华出版社, 1999.

[15] 赵克仁. 美国与中东和平进程研究（1967—2000）. 北京：世界知识出版社, 2005.

[16] 钟冬. 中东问题八十年. 北京：新华出版社，1984.

[17] 陈天社. 阿拉伯世界与巴勒斯坦问题. 北京：世界知识出版社，2013.

[18] 古兰经. 马坚，译. 北京：中国社会科学出版社，1981.

[19] [美]菲利普·希提. 阿拉伯通史. 马坚，译. 北京：新世界出版社，2015.

[20] [英]阿兰·哈特. 阿拉法特传. 吕乃军，谢波华，谢捷华，译. 吉林：时代文艺出版社，1997.

[21] [以]艾兰·佩普. 现代巴勒斯坦史. 王健，秦颖，罗锐，译. 上海：上海人民出版社，2010.

[22] [巴]马哈茂德·阿巴斯. 奥斯陆之路——巴以和谈内幕. 李成文，拱振喜，张明，译. 北京：世界知识出版社，1997.

[23] [英]理查德·艾伦. 阿拉伯—以色列冲突的背景和前途——帝国主义和民族主义在肥沃的新月地带. 艾玮生，陶军，黄杰，等译. 北京：商务印书馆，1981.

[24] 包澄章. 巴勒斯坦问题与中东地缘政治的发展//阿拉伯世界研究. 上海外国语大学中东研究所，2015(3).

[25] 陈天社. 伊朗与哈马斯关系探析//西亚非洲. 中国社会科学院西来非洲研究所，2013(3).

[26] 陈天社. 哈马斯宪章. 理论渊源探析//阿拉伯世界研究. 上海外国语大学中东研究所，2015(4).

[27] 陈天社. 哈马斯、法塔赫"犹太—以色列观"的分歧. 河南大学学报. 河南大学，2014(2).

[28] 陈双庆. 中东和平进程10年回顾//国际资料信息. 中国现代国际关系研究院，2001(1).

[29] 黄陵渝. 耶路撒冷的阿克萨和萨赫莱清真寺//中国宗教. 国家宗教事务局，1996(3).

[30] 黄培昭. 巴勒斯坦经济特点及当前的经济形势//阿拉伯世界. 上海外国语大学中东研究所，2001(3).

[31] 贾保平. 教法学泰斗沙斐仪及其(法源论纲)//西北民族研究. 西北民族大学，1999(2).

[32] 梁洁. 试论巴勒斯坦的建国权利及其实现//西亚非洲. 中国社会

科学院西亚非洲研究所,2013(3).

[32] 全克林,译. 英美在巴勒斯坦问题上的抵牾1945—1949//冷战国际史研究. 华东师范大学国际冷战史研究中心,2008(2).

[33] 王铁铮. 从犹太复国主义到后犹太复国主义//世界历史. 中国社会科学院世界历史研究所,2012(2).

[34] 赵克仁. 因提法达与巴以和平进程//世界历史. 中国社会科学院世界历史研究所,1996(6).

[35] 中华人民共和国外交部,http://www.fmprc.gov.cn/web/.

[36] 中华人民共和国国家统计局,http://www.stats.gov.cn/.

[37] 中华人民共和国商务部对外援助司,http://yws.mofcom.gov.cn.

[38] 中华人民共和国驻巴勒斯坦办事处,http://www.pschina office.org/chu/.

[39] Baracskay, Daniel. The Palestine Liberation Organization: Terrorism and Prospects for Peace in the Holy Land, California: Praeger, 2011.

[40] Baroud, Ramzy. The Second Palestinian Intifada: A Chronicle of a People's Struggle, London: Pluto Press, 2006.

[41] Becker, Jillian. The PLO: The Rise and Fall of the Palestine Liberation Organization, Bloomington: AuthorHouse, 2014.

[42] Brown, Nathan J.. Palestinian Politics after the Oslo Accord: Resuming Arab Palestine, Berkeley: University of California Press, 2003.

[43] Brynen, Rex ed.. Echoes of the Intifada: Regional Repercussions of the Palestinian-Israeli Conflict, Boulder: Westview Press, 1991.

[44] Cobham, David & Nu'man Kanafani eds.. The Economics of Palestine: Economic Policy and Institutional Reform for a Viable Palestinian State, London: Routledge, 2004.

[45] Edwards, Beverley Milton and Peter Hinchcliffe. Conflicts in the Middle East Since 1945 (3rd editor), New York: Routledge, 2008.

[46] Farsoun, Samih K.. Culture and Customs of the Palestinians, California: Greenwood Publishing Group, 2004.

[47] Gavish, Dov. A Survey of Palestine under the British Mandate,

1920-1948,London:Routledge,2005.

[48]　Geddes, Charles ed.. A Documentary History of the Arab- Israeli Conflict,New York:Praeger,1991.

[49]　Gelvin, James L.. The Israel-Palestine Conflict:One Hundred Years of War,Cambridge:Cambridge University Press,2005.

[50]　Ghanem,As'ad. Palestinian Politics After Arafat:A Failed National Movement,Bloomington:Indiana University Press,2010.

[51]　Gil, Moshe. A History of Palestine, 634-1099, Cambridge:Cambridge University Press,1992.

[52]　Haas, Jacob De. History of Palestine:The Last Two Thousand Years,New York:The Macmillan Company,1934.

[53]　Kayyali, A.. Palestine:A Modern History, London:Third World Centre for Research and Publisher,1978.

[54]　Khalidi,Rashid. The Iron Cage:The Story of the Palestinian Struggle for Statehood,Boston:Beacon Press,2006.

[55]　Krämer, Gudrun. A History of Palestine:From the Ottoman Conquest to the Founding of the State of Israel,Woodstock:Princeton University Press,2011.

[56]　Lapidoth,Ruth & Moshe Hirshe. The Arab-Israel Conflict and Resolution,Leiden:Brill Academic Publishers,1979.

[57]　Laqueur,Walter and Barry Rubin. The Israel-Arab Reader:A Documentary History of the Middle East Conflict, Lendon:Penguin Books,2008.

[58]　Nassar, Jamal R.. The Palestine Liberation Organization:From Armed Struggle to the Declaration of Independence, California:Praeger,1991.

[59]　Owen, Roger ed.. Studies in the Economic and Social History of Palestine in the Nineteenth and Twentieth Centuries, London:The Macmillan Press Ltd,1982.

[60]　Pappe, Ilan. A History of Modern Palestine:One Land, Two Peoples, Cambridge:Cambridge University Press,2004.

[61]　Parsons, Nigel. The Politics of the Palestinian Authority, New

York: Routledge, 2005.

[62] Peters, Joel &David Newman eds.. The Routledge Handbook on the Israeli-Palestinian Conflict, New York: Routledge, 2013.

[63] Reich, Bernard ed.. Arab-Israeli Conflict and Conciliation: A Documentary History, Westport, Conn: Greenwood Press, 1995.

[64] Saleh, Mohsen Mohammed. History of Palestine: A Methodological Study of a Critical Issue, Cairo: Al-Falah Foundation, 2003.

[65] Schneer, Jonathan. The Balfour Declaration: The Origins of the Arab-Israeli Conflict, London: Random House Publishing Group, 2010.

[66] Sicker, Martin. Reshaping Palestine: From Muhammad Ali to the British Mandate, 1831—1922, London: Praeger Publishers, 1999.

[67] Tamimi, Azzam. Hamas: Unwritten Chapters, London: C. Hurst & Co. Publishers Ltd, 2007.

[68] Yapp, M. E.. The Near East since the First World War: A History to 1995, New York: Routledge, 1996.

[69] Abuzanouna, Bahjat. Palestine Television and Public Participation. International Communication Cazette, 2015, 77(6).

[70] Bahdi, Reem and Mudar Kassis. Decolonisation, Dignity and Development Aid: A Judicial Education Experience in Palestine. Third World Quarterly, 2016, 37(11).

[71] Cappellazzi, Marcello. Agriculture in Palestine: A Post-Oslo Analysis. Centre for Economic Policy Research, 2012.

[72] Elayassa, Wajih. Workers' Education in Palestine. McGill Journal of Education, 2013, 48(3).

[73] Hamas. Charter of the Islamic Resistance Movement (Hamas) of Palestine, Muhammad Maqdsi trans. Journal of Palestine Studies, 1993, 22(4).

[74] Hamid, Rashid. What is the PLO?. Journal of Palestine Studies, 1975, 4(4).

[75] Manekin, Devorah. Violence Against Civilians in the Second Intifada: The Moderating Effect of Armed Group Structure on Opportu-

nistic Violence. Comparative Political Studies, 2013, 46(10).

[76] Rolef, Susan Hattis. What to do about the PLO?. Journal of Palestine Studies, 1987, 16(3).

[77] Sandhu, Amandeep. Islam and Political Violence in the Charter of the Islamic Resistance Movement (Hamas) in Palestine. The Review of International Affairs, 2003, 3(1).

[78] Shinn, Chris. Teacher Education Reform in Palestine: Policy Challenges amid Donor Expectations. Comparative Education Review, 2012, 56(4).

[79] Siapera, Eugenia, Tweeting & Palestine: Twitter and the Mediation of Palestine. International Journal of Cultural Studies, 2014, 17(6).

[80] Totah, Khalil. Education in Palestine. The Annals of the American Academy of Political and Social Science, 1932, 164(1).

[81] Winter, Ben Kerr, Ra'Ad Mohammed Salamma and Kinda Adli Qabaja. Medical Education in Palestine. Medical Teacher, 2015, 37(2).

[82] Al Mezan Center for Human Rights. Statistical Report on: Persons Killed and Property Damaged in the Gaza Strip by the Israeli Occupation Forces during "Operation Pillar of Cloud" (14-21 November 2012), 2013.

[83] Amnesty International. Unlawful and deadly: Rocket and Mortar Attacks by Palestinian Armed Groups during the 2014 Gaza/Israel Conflict. March 2015.

[84] Kadman, Noga. Red Lines Crossed: Destruction of Gaza's Infrastructure, Gisha-Legal Center for Freedom of Movement, August 2009.

[85] Ministry of Education & Higher Education, Monitoring and Evaluation System of the Third Strategic Plan 2014-2019: Annual Report 2015, Monitoring & Evaluation Department, November 2016.

[86] Palestinian Central Bureau of Statistics, Annual Report 2016, January 2017.

［87］ Salem, Fadi. Arab Social Media Report 2017: Social Media and the Internet of Things——Towards Date-Driven Policymaking in the Arab World. Dubai: Mohammed Bin Rashid School of Government, 2017.

［88］ State of Palestine Ministry of Agriculture. Improving Irrigation Capacity. Ankara: 1st Meeting of the COMCEC Agriculture Working Group, June 2013.

［89］ UNESCO Institute for Statistics, Country Summary for Palestine. Literacy Assessment and Monitoring Programme, June 2013.

［90］ United Nations. Commissions of Inquiry and Fact-Finding Missions on International Human Rights and Humanitarian Law: Guidance and Practice, Office of the High Commissioner for Human Rights, 2015.

［91］ United Nations. Fragmented Lives: Humanitarian Overview 2014, Office for the Coordination of Humanitarian Affairs occupied Palestinian territory, March 2015.

［92］ United Nations. Human Rights Situation in Palestine and other Occupied Arab Territories, Human Rights Council, June 2015.

［93］ United Nations. Locked in: The Humanitarian Impact of Two Years of Blockade on the Gaza Strip, Office for the Coordination of Humanitarian Affairs occupied Palestinian territory, August 2009.

［94］ United Nations. Occupied Palestinian Territory: Gaza Emergency, Office for the Coordination of Humanitarian Affairs, 4 September 2014.

［95］ Hamas, A Document of General Principles and Policies, May 2017, http://hamas.ps/en/post/678/a-document-of-general-principles-and-policies.

［96］ Internet World Stats, Middle East Internet Users, Population and Facebook Statistics 2017, http://www.internetworldstats.com/stats5.htm.

［97］ Palestinian Central Bureau of Statistics, Palestinians at the End of 2016, December 2016, http://www.pcbs.gov.ps/Downloads/book

2242. pdf.

[98]　　Palestinian Central Bureau of Statistics, Statistical Yearbook of Palestine 2016, December 2016, http://www.pcbs.gov.ps/Downloads/book2238.pdf.

[99]　　Palestinian Central Bureau of Statistics, Women and Men in Palestine: Issues and Statistics, December 2016, http://www.pcbs.gov.ps/Downloads/book2237.pdf.

[100]　Palestinian Central Bureau of Statistics, Annual Report 2016, January 2017, http://www.pcbs.gov.ps/Downloads/book2236.pdf.

[101]　Palestinian Central Bureau of Statistics, Palestine in Figures 2016, March 2017, http://www.pcbs.gov.ps/Downloads/book2261.pdf.

[102]　Palestinian Central Bureau of Statistics & Ministry of Agriculture, Olive Presses Survey 2016: Main Results, March 2017, http://www.pcbs.gov.ps/Downloads/book2258.pdf.

[103]　Palestinian Central Bureau of Statistics, Labour Force Survey: Annual Report 2016, April 2017, http://www.pcbs.gov.ps/Downloads/book2266.pdf.

[104]　Palestinian Central Bureau of Statistics, Hotel Activities in the West Bank: Annual Bulletin 2016, April 2017, http://www.pcbs.gov.ps/Downloads/book2265.pdf.

[105]　Palestinian Central Bureau of Statistics, Manual of Statistical Indicators Provided by Palestinian Central Bureau of Statistics 2017, April 2017, http://www.pcbs.gov.ps/Downloads/book2264.pdf.

[106]　Palestinian Central Bureau of Statistics, Performance of the Palestinian Economy 2016, May 2017, http://www.pcbs.gov.ps/Downloads/book2268.pdf.

[107]　Palestinian Central Bureau of Statistics, Prices and Price Indices: Annual Bulletin 2016, May 2017, http://www.pcbs.gov.ps/Downloads/book2269.pdf.

[108]　Central Intelligence Agency, https://www.cia.gov/.

[109]　Flags of the World, https://flagspot.net/flags/ps.html#leg.

[110]　National Anthems of the World, http://www.nationalanthems.me/

palestine-fidai.

[111] National Anthems, http://www.nationalanthems.info/ps.htm.

[112] National Statistical Monitoring System, http://www.pcbs.gov.ps/NSMS/default. aspx?px_language=en.

[113] Palestine Trade Center, https://www.paltrade.org/en_US/page/priority-economic-sectors.

[114] Palestinian Central Bureau of Statistics, http://pcbs.gov.ps.

[115] Palestinian Ministry of Education & Higher Education, http://www.moehe.gov.ps/en/.

[116] Permanent Observer Mission of The State of Palestine to the United Nations, http://palestineun.org.

[117] Pew Research Center, http://www.pewforum.org.

[118] The Israeli Information Center for Human Rights in the Occupied Territories (B'Tselem), http://www.btselem.org/statistics.

[119] The Palestinian Information Center, https://english.palinfo.com.

[120] The World of Statistics, http://www.worldofstatistics.org.

[121] United States Census Bureau, http://census.gov.

[122] United Nations Conference on Trade and Development, http://unctad.org/en/Pages/Home.aspx.

[123] United Nations Department of Economic and Social Affairs, http://www.un.org/en/development/desa/population/.

[124] United Nations Relief and Works Agency for Palestine Refugees in the Near East, https://www.unrwa.org.

[125] World Bank, http://www.worldbank.org.